China 's Industrial Finance
Development Index

深圳市综研软科学发展基金会·资助出版

2017·产业金融发展蓝皮书

中国产业金融发展指数报告

中国（深圳）综合开发研究院◎主编

中国经济出版社
CHINA ECONOMIC PUBLISHING HOUSE
北京

图书在版编目（CIP）数据

产业金融发展蓝皮书（2017）：中国产业金融发展指数报告／中国（深圳）综合开发研究院 主编.
北京：中国经济出版社，2018.1
ISBN 978-7-5136-4954-4
Ⅰ.①产… Ⅱ.①中… Ⅲ.①产业发展—金融—研究报告—中国—2017 Ⅳ.①F832
中国版本图书馆 CIP 数据核字（2017）第 266386 号

责任编辑 赵静宜
责任印制 巢新强
封面设计 久品轩

出版发行 中国经济出版社
印 刷 者 北京金明盛印刷有限公司
经 销 者 各地新华书店
开　　本 710mm×1000mm 1/16
印　　张 12
字　　数 170 千字
版　　次 2018 年 1 月第 1 版
印　　次 2018 年 1 月第 1 次
定　　价 56.00 元
广告经营许可证 京西工商广字第 8179 号

中国经济出版社 **网址** www.economyph.com **社址** 北京市西城区百万庄北街 3 号 **邮编** 100037

序

金融最直接的含义就是服务实体经济的资金融通，使高风险创新事业发展获得支持，使稀缺性经济资源配置更加高效，使攒本钱置业兴业愿望提前实现。然而，伴随着金融不断发展，独立于实体经济资金循环规模越来越大，乃至超越实体经济资金循环，甚至数十倍、几十倍于实体经济资金量，这无疑提供了资金虚增空转、资产投机炒作等滋生蔓延的空间。

当前，我国步入新的发展时代，“创新驱动”“供给侧改革”“一带一路”等重大战略全面实施，从分散风险、配置资源、扩大消费等视角看，对实体经济金融服务“压舱石”和“顶梁柱”的重大效用和战略意义更加凸显。习近平总书记在2017年全国金融工作会议上特别强调金融要“回归本源，服从服务于经济社会发展”。

对此，在业界同人的大力支持下，我们提出了直接服务实体经济的产业金融概念，借助编制中国产业金融发展指数，动态监测我国实体经济金融活动效率和效益，期寄能为中央和地方金融改革与创新发展提供一个全新视角，为探索更合理、更高效的金融服务实体经济新路径提供有益支撑。

是为序。

2017年10月于深圳

目 录
CONTENTS

上篇 理论篇

中篇　指数篇

下篇 实践篇

上篇

理论篇

第1章　产业金融的相关概述

金融是现代经济的核心，是经济运行的血脉，产业的发展离不开金融的支持。正是由于金融手段的引入，为产业发展提供资金保障，引领社会资源配置，才促进了现代产业的蓬勃发展。产业金融是金融领域一个新的研究视角，主要研究金融与产业的融合发展、互动发展、共同创造价值。对于"产业金融"，国内外学界尚未形成严格统一的定义。本章将对产业金融相关概念及分类、产业金融与产融结合、产业金融与产业金融产业政策等进行系统梳理，从而为后续研究奠定基础。

1.1　相关概念界定

1.1.1　产业金融

不同的学者对产业金融的概念有不同的理解。张捷（2000）从金融体制功能差异的角度对产业金融进行定义。认为金融体制是经济生活中通过交易来动员和配置金融资源的规则体系，其核心功能是将资金从盈余部门转移到短缺部门，实现储蓄向投资的转化。经济先进国家与后进国家之间由于资源禀赋和发展道路不同，作为资源动员和配置方式的金融体制也存在着较大的差异。后进国家在工业化赶超型过程中，金融体制的首要功能是使资金短缺的企业部门（特别是需要优先发展的产业）的投资需求得到满足，而对于满足资金盈余的家庭部门的投资效用则作用十分有限。而先进国家的金融体制更多地侧重于增大储蓄者的资产选择自由和投资效用，资金供给方在储蓄向投资转化的过程中居于主导地位。基于金融体制功能上的这种差异，把以满足生产者的融资需求为主要功能的金融体制称为“产业金融”（Industry-based Finance），把以满足储蓄者的投资效用为主要功能的金融体制称为“商业金融”（Commerciality-based Finance）①。

马英俊（2007）等学者从广义和狭义的角度对产业金融分别进行阐述，从狭义角度来讲，产业金融是在特定的产业政策下，依托并服务于特定产业发展的金融活动的总称。特定产业具备以下两个特征：一是该产业与国民经济发展息息相关，二是该产业通过目前现有的金融手段难以获得有效支持。在此前提下，产业金融作为产业政策的重要组成部分，将在促进产业发展的过程中起到积极作用。在这里，产业金融既可以是纯粹的政府行为，如产业金融政策，也可以是在政府政策指导下的市场行为。当其作为纯粹的政府行为体现时，有相当一部分属于政策性金融的范畴。广义的产业金融是相对于金融产业（如银行、证券、保险、信托等）而言的，是产业在其不同的发展阶段对金融的需求。相对于作为金融服务供给方的金融产业而言，广义的产业金融反映了对金融服务的需求问题②。

钱志新（2010）认为对产业金融是一个产业发展的金融整体解决方案，是产业与金融的紧密融合，在融合中加快产业的发展。如科技金融、能源金融、交通金融、物流金融、环境金融等。

孟庆轩和蒋涌（2011）认为产业金融的研究是金融危机后的制度创新，制度创新的核心在于寻找制度红利，即创造性地把金融产品条款运用到投融资领域中。通过产业金融途径，使企业的经营资本化，以获取到创新增长的战略性资源，突破企业转型的瓶颈，实现企业现阶段增

① 张捷．东亚产业金融体制的结构、功能与局限性［J］．当代亚太，2000（7）：34-39.
② 马英俊．产业金融理论与对策研究［D］．上海社科院，2007.

长模式的转变①。

李斌和韦传勇（2012）认为在产业金融领域内，以产业为支撑，极大地利用金融活动业务达成产业融资、产业资源的集成和创造价值等方面的实现，因此生成产业和金融之间相互融合的一种新的金融业态②。

从国外的研究动态来看，专门对产业金融进行理论化、系统化阐述的著作很少。国外有学者认为产业金融的实质是具有垄断性资本的结合，金融资本属于产业金融的具体表现形式。拉法格作为经济学家在对经济制度的研究中提到，在工业扩张时期，企业资本与银行资本相结合，实质上已经碰触到金融资本产生机制的问题。Krippner 将产业金融化视为一种经济积累的典型模式，主要是产业可通过金融途径迅速获得巨额利润③。

本报告认为，产业金融是指依托并着重服务于实体经济发展的金融活动的总称，与之相对应的是以财富增值及风险管理服务为重点的金融活动。

在现代信用货币经济体中，货币流动会形成两个循环，一个是实体经济的货币循环流即货币在家庭部门、政府、非金融商业部门、金融部门之间通过储蓄、投资、消费以及工资利润等的转移而形成的货币循环；另一个是相对独立于实体经济生产性融资需求的货币循环流，类似于传统上有钱人将金融货币埋在地里作为保值，所以也可称为"金融窖藏"，如图 1.1 所示。

---

① 孟庆轩，蒋涌．企业增长模式转变的产业金融路径解析［J］．战略决策研究，2011，2（6）：69-75.

② 李斌，韦传勇．基于产融结合视角的产业金融发展模式研究［J］．河北金融，2012（2）.

③ 王吉发，张翠．产业金融的研究综述及展望［J］．中国商贸，2015（Z1）：77-80.

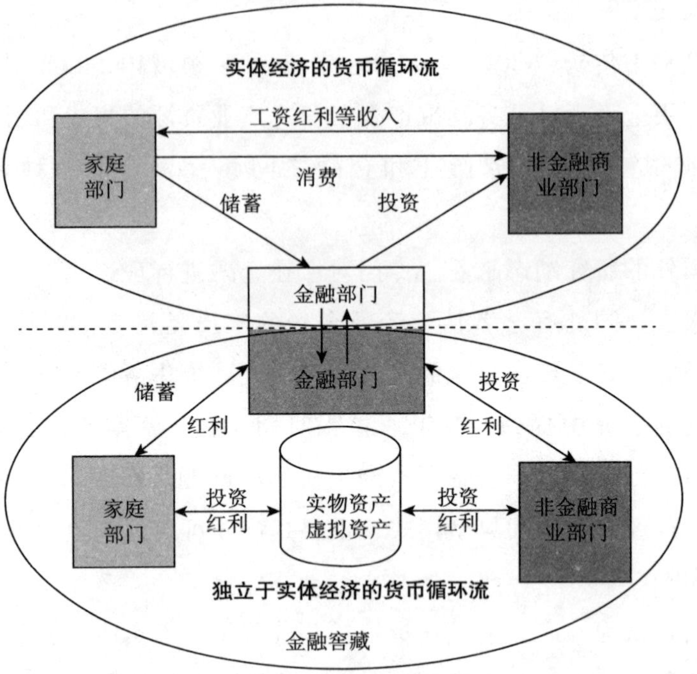

图 1.1　货币循环流

这两部分货币循环流在整个金融服务价值链条中虽然不能截然分开，且两者之间也存在一定的联系，但总体上可以相对独立地运作。从资金剩余者流向资金需求者的金融活动是一种原始的金融形态，主要服务于产业的发展。在现代金融体系中，其实更多资金是在金融交易市场参与者之间流动，如债券、股票、汇率及金融衍生品交易，以及黄金、石油、农产品、稀有矿藏等稀有商品和大宗商品市场交易等，这部分资金并不直接服务于产业经济的发展。金融窖藏活动的积极意义在于可以吸纳实体经济循环中多余的流动性，起到平滑实体经济动态无效的作用，同时也产生资本利得、利息、费用和佣金等收入，增加用于实体经济发展的货币循环流，而不利效应是会减少实体经济的货币循环流，挤压实体经济的发展，滋生投机泡沫。

1.1.2　产业金融中心

金融中心是一定范围内金融机构、金融资本、金融市场、金融人才、金融信息等金融资源的集聚场地。

从金融中心分类看，有两个划分维度，一是金融资源集聚力和辐射力的影响范围，二是金融资源集聚和辐射服务的类型。

按照金融资源集聚力和辐射力影响的范围，可以把金融中心划分为全球性金融中心、国际性金融中心、国家性金融中心和区域性金融中心。

1. 全球性金融中心

影响范围遍及全球，目前世界上具有全球性影响力的金融中心只有两个，分别是纽约和伦敦。

2. 国际性金融中心

影响范围跨越至少两个司法管辖区，有很高程度的国际资金、机构和人才参与，如中国香港地区、新加坡、法兰克福等都是知名的国际性金融中心。

3. 全国性金融中心

影响范围覆盖本国国境内，但国际金融业务所占的比重以及国际资金、机构和人才的参与水平较低，如我国的上海、北京、深圳以及韩国首尔、印度孟买、俄罗斯莫斯科等都是全国性金融中心。

4. 区域性金融中心

影响范围为一个国家内的某一区域，如美国洛杉矶、日本大阪、澳大利亚墨尔本、加拿大温哥华等。

按照金融资源集聚和辐射服务的类型，可把金融中心划分为综合性和专业性的金融中心。

1. 综合性金融中心

具有多功能综合金融优势，如纽约、伦敦、香港、上海、北京等。

• 纽约。纽约是全球最大的国际资金市场、股票市场、商品期货交易市场和美元结算中心，也是全球最大的金融集团和国际著名的银行总部。

• 伦敦。伦敦是全球三大外汇交易中心之一、三大股票市场之一、五大黄金市场之一，也是全球最大的跨境银行业务交易中心，以美元为主的离岸货币和金融产品、金融衍生品交易十分发达。

• 香港。香港是世界第三大银行中心、第四大外汇交易中心、第五大股票市场、第五大金融衍生品交易中心、第五大黄金交易中心，也是亚太地区最大的保险市场、第二大基金管理中心。

• 上海。上海集中了我国主要的金融交易市场，是全国性的综合金融中心，提出要建成与我国经济实力以及人民币国际地位相适应的国际性金融中心。

• 北京。北京金融中心的功能定位是集金融决策监管、资产管理、支付结算、信息交流、标准制定为一体的国家金融管理中心，建设具有国际影响力的金融中心城市。

2. 专业性金融中心

在某一金融领域具有突出优势，如旧金山风险投资中心、苏黎世私人银行中心、芝加哥期货交易中心、爱丁堡财富管理中心、深圳金融创新中心等。

• 旧金山。旧金山是以风险投资著称的专业性科技金融中心，是美国科技金融体系最为发达和科技金融资源最为集中的区域。除了风险投资行业特别发达之外，旧金山还是美国仅次于纽约的第二大银行服务业中心，集聚了大量的国际金融机构总部。

• 苏黎世。苏黎世拥有瑞士银行、瑞士联合银行、瑞士信贷银行、苏黎世金融服务集团等 120 多家银行金融机构，其中半数以上是外国银行，故享有“欧洲百万富翁都市”的称号。由于瑞士银行的保密能力，使苏黎世成为离岸银行业务的世界主要中心。

● 芝加哥。芝加哥拥有美国最大的期货市场，2007 年芝加哥商品交易所（CME）和芝加哥期货交易所（CBOE）合并成为芝加哥商品交易所集团（CME Group），其衍生品市场已成为全美最大的金融衍生品市场。

● 爱丁堡。爱丁堡是仅次于伦敦的英国第二大金融中心，银行、保险与养老金、基金管理和资产服务业非常发达，是全球主要的基金管理中心，汇集了全球最多的基金公司以及最优秀的基金经理群体。

● 深圳。深圳是我国多层次的资本市场中心，其最新的功能定位是联通香港、服务全国、辐射亚太、影响全球的人民币投融资集聚地区和国际化金融创新中心。

产业金融中心是一种专业性金融中心，指的是一个城市或地区在全国乃至全球范围内集聚产业金融资源，通过服务本地市场而实现金融产业的发展壮大，并进一步向更广阔的腹地提供金融服务。

1.2　产业金融的分类

产业金融广泛的内涵决定了其能够从不同角度，按照不同标准进行分类。依据产业金融的特征及现实发展状况，可以通过主导主体和辐射范围两个维度分析。

1.2.1　按照主导主体划分

产业金融的发展常常以一定的产业政策为背景，这就决定了产业金融活动会夹杂着政府因素。从各国产业金融的发展特点来看，政府在产业金融中所扮演的角色有很大的不同。根据市场和政府在产业金融中发挥的作用不同，可以将产业金融分为政府主导型和市场主导型。

1. 政府主导型

对于政府主导型的产业金融体系，则更加强调政府对产业金融的调控作用。一般而言，经济发展处在初级阶段的经济体，其金融体系的发展又相当不完善，无法实现金融资源的有效配置，金融资源十分稀缺，而经济发展又需要大量的资金支持，资金供需矛盾较为突出。因此，政府往往会在产业金融中扮演十分重要的角色，引导金融体系对几个重点产业进行支持，希望通过非均衡的发展战略，带动整个经济的发展。当经济发展到一定阶段，金融资源的稀缺性会有所缓解，经济、金融市场不断完善，政府在产业金融中的作用将逐步弱化，市场将在金融资源配置的过程中发挥越来越大的作用。

2. 市场主导型

在市场主导型产业金融体系中，强调的是市场在金融资源配置领域中的基础性作用，政府只是在此基础上发挥指导性的作用。一般而言，市场经济高度发达的经济体，其经济基础已经建立，市场体系已相当完善，只有发挥市场在资源配置中的基础性作用，才能实现资源的最优配置。此时，通过政府来配置资源的边际收益会大大递减，而边际成本则迅速上升，因此政府干预经济并不是实现资源最优配置的有效途径。

1.2.2 按照产业类型划分

现代金融服务于不同的产业，根据产业的类型可将产业金融划分为：汽车金融、房地产金融、科技金融、能源金融、环保金融、农业金融、网络金融和其他产业金融等。商业银行、政策性金融机构和非银行金融机构会为特定的产业提供融资服务，从而支持该产业的发展。

1. 汽车金融

狭义的汽车金融是在汽车销售、使用过程中，由汽车金融服务公司向消费者或经销商提供的融资及其它金融服务，包括对经销商的库存融资和对用户的消费信贷或融资租赁等。2003年10月3日，我国《汽车金融公司管理办法》正式实施，2004年国内首家汽车金融公司——上海通用汽车金融公司成立，我国汽车金融向专业化、规范化的方向发展。

2. **房地产金融**

房地产行业作为一个资金密集型行业，对金融具有很高的依赖性。房地产金融是指与房地产开发、建设、经营、流通和消费等活动进行筹资、融资及相关金融服务活动的总称。既包括房地产信贷融资、房地产股本融资、房地产债券融资和运用信托方式融资等资金融通活动，也包括房地产保险、房地产信托、房地产证券、房地产典当等金融活动。

3. **科技金融**

目前国内对科技金融较为权威的表述，来自于国务院印发的《“十三五”国家科技创新规划》。规划对科技金融的性质和作用进行了界定，在第十七章“健全支持科技创新创业的金融体系”第三节“促进科技金融产品和服务创新”中提到：建立从实验研究、中试到生产的全过程、多元化和差异性的科技创新融资模式，鼓励和引导金融机构参与产学研合作创新。在依法合规、风险可控的前提下，支持符合创新特点的结构性、复合性金融产品的开发，加大对企业创新活动的金融支持力度。

由此可见，科技金融落脚于金融，利用金融创新，高效、可控的服务于科技创新创业的金融业态和金融产品。

4. **能源金融**

对于能源金融，目前学术界尚无一致的定义。有学者从能源虚拟金融与能源实体金融两个层面来分析，能源虚拟金融是能源市场主体在能源商品期货市场、期权市场、国际货币市场以及与能源相关的资本市场进行能源实物、期货、期权、债券、汇率、利率、股票及相关衍生品等金融资产的套期保值、组合投资或投机交易；而能源实体金融是指能源产权主体、效率市场和传统金融市场通过有机联络，利用金融市场的融资、监督、价格、退出机制，培育、发展和壮大能源产业①。

1.2.3 按照产业金融手段划分

从产业金融的手段来看，金融体系对产业发展的支持可以通过市场手段和政策性手段。

1. 市场型产业金融

主要指在相关政策（很多情况下是优惠政策）的支持下，通过市场来实现金融体系对产业发展的支持。它的供给方可以是按市场规律运作的商业银行及其它非银行金融机构，也可以是政府。这种产业金融手段存在于市场轻微失灵的领域，政府的相关政策只要能解决市场失灵的问题，就能有效发挥市场在资源配置中的积极作用。

2. 政策型产业金融

由政府通过政策性贷款、贴息和注资等方式来支持产业发展。政策型的产业金融则主要通过政策性银行和其它官方、半官方的金融服务机构来提供。这种产业金融手段存在于市场严重失灵的领域，单依靠市场的力量几乎不可能对产业形成有力的金融支持。

1.3 产业金融与产融结合

以产业为基础，金融服务产业，产业与金融的良性互动和融合发展是产业金融的本质要求。金融如果脱离产业自我发展、过度膨胀，就会脱离实体经济的需要、产生严重的泡沫，必然会导致危机的产生，产融结合是金融与产业协调发展的共同需要，也是促进经济发展的客观需要。

---

① 佘升翔，马超群，王振全，刘岚．能源金融的发展及其对我国的启示［J］．国际石油经济，2007（8）：3-8.

1.3.1 产融结合的内涵

产融结合，是产业资本和金融资本的结合，两者以股权关系为纽带，通过互相参股、控股、人事派遣等互相渗透的方式进行结合。产业资本一般是工商企业等非金融机构占有和控制的货币资本及实体资本；金融资本一般是指银行、保险、证券、信托等金融机构占有和控制的货币及虚拟资本。产融结合包括两个方面：由产而融和由融而产。由产而融是指产业资本发起，把部分产业资本投向金融行业，是产业资本向金融领域的扩张；由融而产是指由金融资本发起，用金融资本控制产业资本，实现二者融合生长，是金融资本向产业资本的渗透。

1.3.2 国外产融结合的发展阶段

对研究西方发达国家比如美国、日本、韩国等国产融结合的发展模式和发展过程的研究发现，日德是银行主导型的产融结合模式，英美是市场主导型的产融结合模式，其大致经历了“融合—分离—融合”的发展过程。具体可以分为：

1. 产业资本与金融资本的自由融合阶段（20世纪30年代以前）

20世纪30年代以前，发达国家实行自由竞争的市场经济，政府对金融业和产业的融合方式基本采取放任自流的态度。19世纪70年代至20世纪20年代，西方国家发生第一次兼并浪潮，资本与生产不断集中，从而产生了垄断。产业的垄断资本与银行的垄断资本不断集合，工商企业开始与银行进行深层次合作，相互参股、控股和跨业经营。当时的产业整合运作比较依赖银行，一批以摩根为代表的“由融而产”的企业集团逐渐形成，如美国的洛克菲勒、摩根、花旗、杜邦，日本的三井、三菱、三和、住友、第一劝业等。

2. 限制产融结合的金融分业管理时期（20世纪30年代至70年代末）

20世纪30年代，出现世界经济危机，对全球各行各业产生了一定的影响，金融业尤其严重。金融自由化导致金融行业秩序混乱，金融资本膨胀，金融功能被过分夸大，社会经济基础不稳定。美国政府率先出台一系列相关政策进行金融约束，对金融机构与工商企业之间的市场准入、相互持股和投资实行严格限制，实行银行业和证券业的分业经营，其他国家纷纷效仿，产融结合进入了以金融业分业经营为主的时期。在此阶段，以通用电气（GE）为代表的“由产而融”的产融结合模式开始起步，许多产业集团开始建立金融部门，为产业提供各种金融服务。

3. 产融结合新发展时期（20 世纪 80 年代至 20 世纪末）

20 世纪 70—80 年代，以美国为代表的西方国家普遍发生了经济滞胀，有关放松金融管制、实行金融自由化政策的呼声强烈。传统企业为了改变发展的停滞不前、运作无力等现状纷纷进军金融业与其合作，产融结合的发展风潮开始在各类行业中兴起。1990 年后，几乎所有美国的大公司都开始利用基金等形式搞体外融资，产融结合特征日趋显著。

4. 产融结合深化发展时期

进入 21 世纪以来，全球经济蓬勃发展，金融创新从理论走向实践，产融结合多样化发展，融合的程度不断加深。但是在 2008 年金融危机爆发后，部分产业集团开始收缩撤离金融、回归主业。

1.3.3 国内产融结合发展阶段

1. 初步发展阶段（20 世纪 80 年代末至 90 年代初）

中国产融结合最初是由政府大力推动的，主要特征是产业资本向金融资本转化，传统企业以股权参与的形式进入金融企业。1987 年国务院颁布了《关于关于组建和发展企业集团的几点意见》，鼓励大型企业集团设立财务公司，这是我国产融结合迈出的重要一步，企业集团开始涉足金融。1986 年成立的交通银行，其工商企业持股比例高达 28%，随后工商企业积极进行参股其他金融机构，从而产融结合迈出了实质性一步。海尔集团、新希望集团等是先期进军金融业的企业集团代表，通过集团控股，同时经营产业资本和金融资本。此阶段产融结合的主要表现是工商企业向金融行业的单向进入，即“由融而产”。

2. 治理阶段（20世纪90年代中期至2007年）

20世纪90年代，由于大量产业资本涌入金融产业，金融机构泛滥，商业银行为了实现利益最大化而不断扩张业务，使产融集团过快发展，由于缺乏良好的法律规范和监管措施，从而造成金融市场秩序不稳定、金融风险突出。为此中央政府于1995年颁布了《中华人民共和国商业银行法》，规定银行不允许参股企业，一些商业银行开始退出产业领域。2006年国资委出台《中央企业投资监督管理办法》，严禁企业违规使用银行信贷资金向金融、证券、房地产和保险等项目进行投资，产融结合进入了一个相对沉寂的时期。

3. 快速发展阶段（2008年至今）

2008年全球金融危机爆发之后，我国企业加速了海外并购，为产融结合带来新的发展机遇。2008年8月，中国银监会颁布的《银行控股股东监管办法（征求意见稿）》中，对企业成为银行控股股东的要求和条件进行了界定，为产业资本进入银行业并成为控股股东提供了参考性的法律依据。2009年宝钢集团、申能集团等入股光大银行，中石油先后收购克拉玛依商业银行和宁波金港信托有限公司、设立金融租赁公司，掀起了新一轮产融结合的大潮。2011年“两会”期间，“产融结合”再度成为热议话题①。

1.4　产业金融与产业政策的关联

金融是产业发展的轴心，作为深入渗透相关产业的金融活动，产业金融的发展与产业政策有着密切的联系。产业政策是基础，脱离了产业政策，产业金融无从谈起。因此，产业金融是产业政策得以成功实施的

① 小毕．金融探索之产融结合：产融结合的发展历程、现状及特点，毕友网，2016-10-01.

重要保证，产业金融服务的范围和发展的条件是制定产业政策过程中必须考虑的重要因素。

产业政策是有效配置资源、弥补市场缺陷的政策，即当市场的资源配置功能失效时，政府会采取地一系列干预政策，其中，市场调节占主要地位，政府财政政策和金融政策则起引导作用。如：当市场恶性竞争导致资源分配不合理、经济效率低下时，政府为实现本国的经济目标和解决就业问题而实施地一系列的宏观调控政策。又如，战略性新兴产业和高科技产业的发展需要国家政策的扶持，而市场无法合理分配相应的社会资源到该领域，政府必须出台相关的产业政策以引导资金、技术、人才向该行业流动。

第 2 章　产业金融相关基础理论

基于上一章节对于产业金融定义及其分类的解读不难发现，无论从广义和狭义角度定位还是根据产业金融特征和性质进行区分，产业金融都与金融业以及某些特定的产业密切相关。这就意味着要进一步对产业金融深入分析，特别是梳理其内在的运行机制，需要寻找产业金融的相关支撑理论。依据之前对于产业金融的描述，可以大致从金融和产业经济两个领域对产业金融的相关理论进行研究。

2.1　金融相关理论

2.1.1　金融功能理论

金融中心的功能可以划分为核心功能和延伸功能。其中，核心功能是所有金融中心都具备的功能，是金融中心区别于非金融中心的主要特征；而延伸功能则是核心功能的具体体现，不同金融中心的延伸功能具有差异性。

1. 核心功能

所谓“金融中心”，其实是各种金融资源相对集聚的区域，其基本特征是金融资源的集聚和金融服务的辐射。因而，金融集聚和金融辐射功能就构成了金融中心的核心功能。

● 金融集聚功能。金融中心的金融集聚功能表现为金融中心对各类金融资源的吸引力、凝聚力、承载力乃至生成力，金融资源集聚的规模越大、种类越齐全，金融中心功能的发挥也更为充分，金融中心也会得到进一步的巩固和发展。金融资源可以分为金融资本、金融机构、金融市场、金融信息和金融人才等方面。金融资源有集聚发展的内在要求：金融资源在金融中心集聚，可以产生规模经济、范围经济、知识共享、联合创新等集聚效应；通过金融集聚效应的产生，更好地实现金融资本增值、金融人才培育等，其构成了金融资源增长的内生动力，形成金融资源“集聚—生长—再集聚”的良性循环。

• 金融辐射功能。金融中心的金融辐射功能表现为金融中心对本城市以外的其他城市和地区的服务辐射，可以分为资本输出、中介服务、产品服务、信息服务和人才输出等。金融辐射的主体主要是金融中心的本地法人机构和金融市场，本地法人机构通过设立异地分支机构来输出金融产品和服务，本地金融市场以中介服务、产品服务、信息服务、人才服务等方式服务本地及异地市场投资者、参与者。

• 金融集聚功能与金融辐射功能之间的关系。金融集聚是金融辐射的前提和基础，没有大量的金融资源集聚，金融中心就无法形成辐射源和辐射力。当金融资源集聚完成后，金融中心具有良好的辐射功能时，金融辐射又会促进金融资源在金融中心中内生和进一步集聚。

2. 延伸功能

基于金融中心的集聚和辐射两大核心功能，由于金融中心城市发展水平、所集聚的金融资源类型、实体经济对金融的需求等方面的差异，不同金融中心还发挥着不同的延伸功能。

综观国内外金融中心的发展情况，比较突出的延伸功能主要有以下几种：

• 集中交易和定价功能。金融交易、特别是批发型金融交易主要集中在金融机构和投资者集聚的金融中心。金融中心集中了金融交易市场，有效地提升交易效率和降低交易成本，所形成的交易价格具有良好的真实性、指示性和权威性。

• 资源枢纽功能。金融资本是现代经济的血液，由于金融中心集中了各类金融资源，从而可以在更高水平、更大范围内配置资源，发挥资源的枢纽功能。

• 金融创新功能。对于金融中心而言，大量金融机构和金融市场的集聚、巨大的信息流量为金融创新提供了有利条件，在过去的 50 多年里，重大金融创新活动几乎全都发生在主要国际金融中心。

• 产业引领功能。金融中心集中了大批谋求更大获利空间的金融资本，其投资领域往往偏向于具有更大市场和盈利空间的创新型产业和创新型企业，因而成为世界各地科技、产业、商业模式等创新的重要推动力。

• 人才培育功能。金融中心是金融人才最为集中的地方，同样也是金融知识的集聚地和金融知识创新的策源地。通过金融产业集聚带来的知识共享，使金融中心也成为金融人才发展和培育的中心。

• 金融生态示范及金融发展促进功能。金融中心是金融资源最集中、金融创新最活跃、功能发挥最显著的地方，在金融制度、产业政策、营商环境、基础设施等方面具有领先和示范效应，可引领带动区域金融产业的发展。

2.1.2　金融中心理论

1. 金融中心的形成

金融中心的成因是金融中心理论研究的核心，主要可以从区位优势、产业聚集以及经营成本等方面进行分析。

从区位优势方面分析，金融中心的形成与发展是因为金融中心的所在地具有区位优势，这些优势使得金融企业能够以较小的成本、在较短时间内开展较多的业务，因而在竞争中显现出优势。在金融危机中，那些区位条件不佳及经营不谨慎的企业会被淘汰，最终生存下来的只有那些区位条件好且经营稳健的企业。

从产业聚集方面分析，金融企业的集中能够带来规模经济效应与集聚经济效应，这是金融中心形成与维持的关键。此外，金融企业的集中会使金融市场辐射范围扩大。金融市场越大，所发行证券的流动范围越大，结果来自不同地区的借款者和贷款者将该地的需求和供求转移到中心市场，这使得金融中心发生的交易不仅仅限于对区际间资金供求失衡的调剂。交易规模扩大还使借款者可以支付较低的利率，并能够得到更多的贷款，而贷款者可以通过多元化投资以分散风险。金融企业集中所带来的聚集效应主要体现在跨地区支付效率的提高和金融资源跨区配置效率的提高。集聚能够有效降低金融机构的外部成本，促进各金融机构及各行业的信息交流。同时金融机构的增加可使金融中心通讯和交通等设施利用率提高。

从经营成本方面分析，金融活动交易成本越低，金融产品的流动性越强，金融市场的效率就越高。为了节约金融交易过程中的成本，金融业务会倾向于向某一些地方集聚，由此促成了金融中心。金融中心能从两方面促进交易成本下降，增强金融产品的流动性。一是金融中心作为集聚地，降低了评估成本；二是金融中心作为金融中介的集聚地，降低了金融交易的信息成本。由于金融中心不仅是机构、人才和技术的集聚地，还是信息的集中地，在金融中心交易双方更容易获取相关交易的业务信息，降低信息的非对称性和信息搜索成本，从而提高交易效率。

2. 金融中心功能发挥研究

正如上文所说，金融中心的核心功能是金融集聚功能和金融辐射功能，其他功能则是核心功能不同形式的延伸。从这个角度讲，金融中心功能的实现条件也就是金融集聚和金融辐射的条件。

（1）金融集聚功能的实现条件

金融资源可分为金融机构、金融资本、金融市场、金融信息和金融人才，归根到底可以落实为金融资本和金融人才，也即“钱、才”。钱为什么会在一个地方集聚，一定要让钱能够赚钱，即盈利。盈利的来源，要么收入高，要么成本低，即“一高一低”。收入又来自两个方面，本地经济和腹地经济。本地经济的金融服务量通常与经济总量高度相关，并不会因为金融资源的集聚而有太大程度的提高，两者之间相辅相成。要要得人才在一个地方集聚，一定要给予人才好的生活，能够有高收入并且有高生活质量，即“两高”。此谓 CDI“钱才集聚论”。

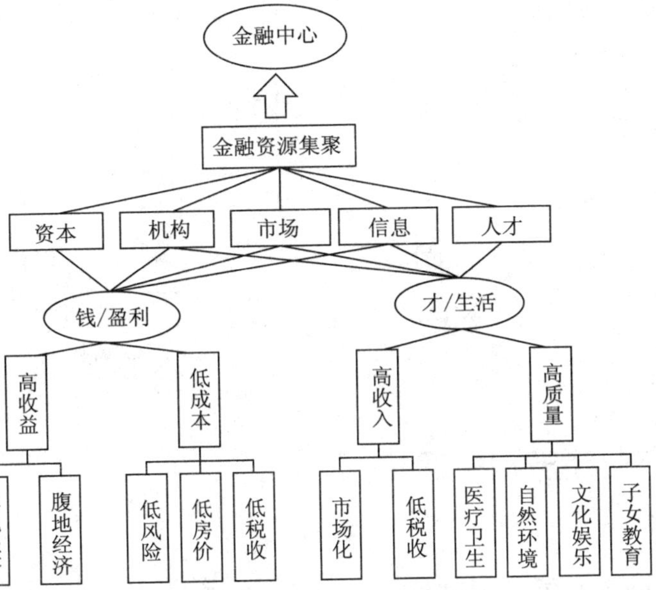

图 2.1　金融中心“钱才集聚论”

（2）金融辐射功能的实现条件

金融服务的辐射大致可以分为资本输出、中介服务、产品服务、信息服务和人才输出，辐射能力的主体主要为本地法人机构和金融市场。本地法人机构依托设立异地分支机构，输出金融产品和服务，同时向本地归集更多的资本利得；本地金融市场以中介服务、产品服务、信息服务、人才服务等方式，服务本地及异地市场投资者、参与者，同时向本地归集更多的金融资源。因而，培育壮大本地法人机构和金融市场就成为了金融辐射功能实现的关键所在。此谓 CDI“法市辐射论”。

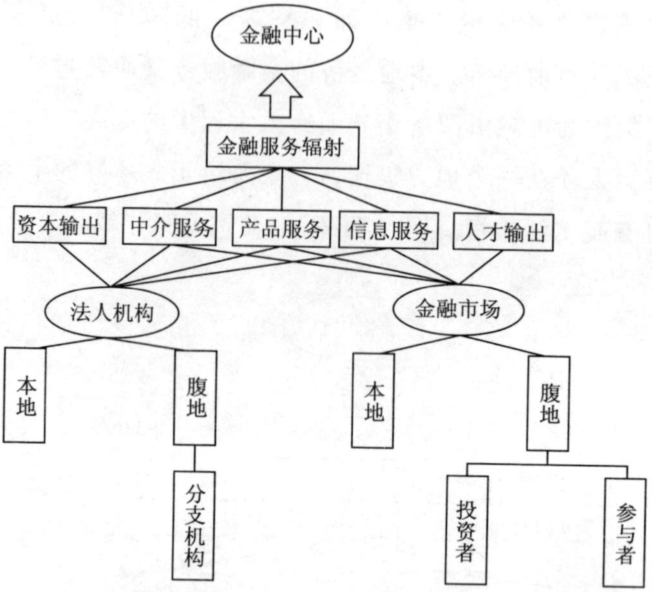

图 2.2　金融中心“法市辐射论”

2.2　产业经济相关理论

2.2.1　经济发展周期理论

经济周期意指资本主义市场经济生产和再生产过程中周期性出现的经济扩张与经济紧缩交替更迭循环往复的一种现象。在经济分析中，每一个周期可划分为四个阶段，即经济扩张阶段、危机阶段、萧条阶段和复苏阶段。在凯恩斯的宏观经济学理论建立之后，学术界对经济周期理论的研究发展达到了新的阶段，各种理论层出不穷，其中具有较大影响力的理论主要有凯恩斯主义经济周期理论、萨缪尔森线性乘数-加速数动态周期模型、卡尔多非线性经济周期模型、货币主义经济周期理论、实际经济周期理论和新凯恩斯主义的周期理论等。

产业金融也随着经济周期的变化，而表现出较强的周期性。从总体上来说，产业金融有与经济相似的周期并且有很强的同步性。但是，由于产业金融往往与特定的产业相联系，因此在经济周期的各个阶段，产业金融的自身特点还是相当明显的。

在经济扩张阶段，所有的产业都呈现出欣欣向荣的景象，其中必定有一个或几个产业由于过度发展而出现巨大的经济泡沫，而这些产业又往往是产业金融支持的重点，此时的产业金融蕴含着巨大的风险。产业金融风险的暴露往往会导致整个金融体系出现危机，进而演变为经济危机。在经济周期中，危机阶段一般都历时很短，但是就产业金融而言，危机阶段往往会经历更长的时间，这主要有两方面的原因：一是特定领域产业金融泡沫的破灭和风险的暴露进一步演变为金融危机乃至经济危机，那么对这些领域的金融支持占金融的比重要远远大于这些领域在整个经济中的比重，因此，产业金融受到的破坏会远大于整个经济体系所受到的破坏；二是在金融领域，预期的作用往往起着至关重要的作用，而危机后预期和信心的恢复可能会比实际经济恢复增长要困难得多。这就决定了产业金融要经历更长的危机阶段。在经济萧条期的中后期，产业金融进入复苏期，并且在不断探索对新的产业提供支持。产业金融的复苏也推动了经济的复苏，而经济的复苏则很快使产业金融进入一个新的扩张期，如表 2.1 所示。

表 2.1　经济发展周期特征与产业金融发展特征

阶段	扩张期	危机期	萧条期	衰退期
经济发展周期特征	生产就业增加，消费需求增加，投资旺盛，市场繁荣；商业信贷扩张，资金流动率高，价格上涨，产业利润高	生产下降，失业率增加，消费需求下降，投资减少；信贷收缩，资金流动率降低，物价下跌，产业利润减少	生产严重过剩，大量失业，消费需求严重不足，投资少；价格低落，企业利润水平低，大量企业破产倒闭	产出增加，消费者需求增加，投资加大，经营效益好转，商业信贷增加，股票价格和利率上升

续表

阶段	扩张期	危机期	萧条期	衰退期
产业金融发展特征	各大产业蓬勃发展，经济泡沫产生，产业内部融资和外部融资能力增强，产业资本富余，资金寻求新的投资出路	市场预期悲观，商业信贷规模缩减，股票价格和利率下降，融资难度加大，产业发展困难	产业金融的泡沫破灭，经营风险暴露，难以获得商业银行的认可，获得风险投资机会甚微，内外部融资困难	金融机构（如商业银行、投资基金）增加资金投入，为产业融资，对新兴产业提供资金支持

2.2.2 产业生命周期理论

产业生命周期是指产业从产生到衰亡具有阶段性和共同规律性的厂商行为的改变过程，产业生命周期理论则是在实证基础上对其进行研究的现代产业组织学的重要分支之一。这一理论是在 1966 年 Vernon 提出的产品生命周期理论基础之上逐步发展、演化而形成的，并且成为了 20 世纪后期以来最为流行的管理学理论之一。

传统的产品生命周期理论认为，一种产品在市场上的销售情况和获利能力是随着时间的推移而发生变化的。这种变化和生物的生命历程一样，也经历投入、成长、成熟和衰亡的过程，产品生命周期就是反映一个特定市场对某一特定产品的需求随时间变化的规律。这里的产品生命指的是产品的市场生命，而不是产品的物质生命，它是以销售额和企业所获得的利润额的变化来衡量的。

具体而言，产业生命周期可以分为初创期、成长期、成熟期、衰退期四个阶段。在初创期，企业数量少，集中程度高；技术不成熟，产品品种单一，质量较低且不稳定；市场规模狭小，需求增长缓慢，需求的价格弹性也很小；产业利润微薄甚至会全产业亏损；进入壁垒低，竞争程度较弱，产品定价各自为政。在成长期，大量厂商进入，产业内部集中程度低；生产技术日渐成熟和稳定，产品呈现多样化、差别化，质量提高且稳定；市场规模增大，需求增长迅速，需求的价格弹性也增大；

产业利润迅速增长且利润率较高；进入壁垒低，内部竞争压力大，竞争形式主要表现为价格竞争。在成熟期，产业集中程度高，出现了一定程度的垄断；技术较成熟，产品再度无差异化，产品质量较高；市场需求增长速度明显减缓，需求的价格弹性减小；产业的利润达到很高水平；进入壁垒高，主要体现为规模壁垒，竞争手段转向非价格手段；持续时间较长，是产业发展的稳定阶段，若有技术创新，则会有更长期的持续增长。在衰退期，厂商数量减少；需求逐渐减少，销售量下降；利润降低；新产品和替代品大量出现，原有产业的竞争力下降。

至于金融行业，产业发展与金融服务体系之间存在矛盾，在初创期，产业的发展需要大量资金，而金融机构出于投资风险的考虑往往不能对其提供支持；在成熟期，产业资本富余，往往不能找到很好的投资出路。产业金融随产业生命周期变化的基本规律是：初创期的产业，外部融资的约束较紧、渠道较窄，而随着产业走向成熟，产业对金融的需求逐步由融资需求转变为投资需求。根据整理，产业金融在产业生命周期各阶段的发展规律如下表 2.2 所示。

表 2.2　产业生命周期特征与产业金融发展规律

阶段	初创期	成长期	成熟期	衰退期
产业生命周期特征	企业数量少，生产技术不成熟，产品种类少且质量较低；市场规模小，需求增长缓慢；产业利润微薄；进入壁垒低，竞争较弱	大量厂商进入，生产技术日渐成熟，产品种类日益丰富且质量有一定提高；市场规模增大，需求量增长迅速，行业利润迅速增长；进入壁垒低，竞争程度	产业集中度较高，有一定程度的垄断；技术比较成熟，产品无差异且质量较高；市场需求增长明显放缓，行业利润较高，进入壁垒高	企业数量减少；产品需求量低，销售量下降；市场萎缩，行业利润降低；新产品和替代品大量出现，原有产业竞争力下降
产业金融发展规律	中小企业金融机构、私募股权基金为产业融资，推动新兴产业发展，加快新兴产业向主导产业转变	金融中介（商业银行、债券融资、股权融资）为企业提供商业信贷，支持该产业的发展	债务融资的比重下降，股权融资的比重上升，债券融资、权益融资等手段逐步超越了商业银行信贷	金融机构（如商业银行、投资基金）采取保守策略，产业很难获得融资支持，资金寻求新的投资渠道

2.2.3 产业资本理论

马克思在《资本论》中指出，“资本价值在它的流通阶段所采取的两种形式，是货币资本的形式和商品资本的形式，它在生产阶段形成，是生产资本的形式。在总循环过程中采取而又抛弃这些形式并在每一形式中执行相应职能的资本就是产业资本。这里所说的产，包括任何按照资本主义方式经营的生产部门”。产业资本要通过一系列的循环运动，从一种形态转化为另一种形态，从而实现价值增值。

马克思虽然没有明确提出金融资本的概念，但马克思对生息资本、信用和虚拟资本的研究，对金融资本本质的阐述，为金融资本的运动研究提供了许多有价值的思想。在马克思看来，生息资本和产业资本一样，都是由货币在资本主义基础上转化为资本，“由一个一定的价值变为一个自行增殖、自行增加的价值”，从而获得相应的利润。只不过在产业资本中，货币直接作用于生产过程，而在生息资本中，货币通过媒介间接产生作用。

1903年，法拉格指出，资本主义已演进到特殊的阶段，并以“金融资本”一词来描述这种工业资本与银行资本日趋融合的趋势。鲁道夫·希法亭（1909）进一步丰富了金融资本理论，认为“我们把银行资本，即通过这种途径实际上转化为产业资本的货币形式的资本称为金融资本，对于其所有者来说，它总是保持货币的形式，它是由所有者以货币生息资本的最大部分转化为产业资本的。生产资本（生产资料和劳动）在生产过程中固定下来，用于产业资本的越来越大的部分是金融资本，即归银行支配的和由产业资本家使用的资本。”

资本问题是经济发展的中心问题，也是产业结构发展的中心问题。在经济发展中，产业资本的积累和有效转化对于产业结构转换的进而形成合理的、高度化的产业结构至关重要。一般来说，产业资本的形成转化可分为两个环节：一是国民储蓄的形成，在形式上表现为货币、储蓄、债券、证券等金融工具；二是国民储蓄由货币资本转化为现实的实物资本，形成现实的生产能力，在形式上表现为原材料、机器设备、技术等实物资本。货币资本的积累规模和速度不同，实物资本的形成规模和速度也就不同，从而产业资本的积累与投资效果对产业结构转换的影响也就不同。

在经济发展的不同阶段、产业结构发展的不同时期，产业资本形成转化所发挥的作用不同。在工业化启动阶段，产业成长处于萌芽期，企业生产规模小，产量低，技术落后，内部积累能力差，要由众多分散的个体企业发展为具有规模经济效益的产业群体，就必须扩大经营规模，开发新产品、新技术，提高产品技术含量，这些都需要大量的长期资本支持。在产业结构转换的过渡阶段，旧的产业结构不适应市场需求的变化，产业结构的合理化、高度化就成为产业结构发展的主导方向。经济发展经验表明，产业结构的演进一般遵循主导产业从低加工度、低附加值、低技术含量的劳动密集型产业，逐步向高加工度、高附加值、高技术含量的资金与知识密集型产业不断升级更替的规律。与传统的劳动密集型产业相比，高加工度、高附加值的知识密集型产业有着较高的资本有机构成，人均资本存量高，会出现资本对劳动力的替代，而且，高素质的人力资本所需要投入的资本，从绝对量上也要高于传统产业。因此，在经济发展演进的过程中，以传统产业衰落、退出以及产业分化重组为特征的产业结构变迁，就必然要求高效的产业资本形成转化机制。

第3章　产业金融评价基础

若要对特定区域的产业金融现状进行评价，不仅需要对产业就金融有清晰的定位，同时也需要明确影响以及体现产业金融特征的相关要素。为此，有必要全方位对产业金融的内在运作机理、发展历程以及未来趋势有所了解，同时明晰评价产业金融的关键要素，并以此为基础，结合产业金融的理论背景，建立一个科学、客观的产业金融评价体系。

3.1　产业金融的内在运作机理

产业与金融之间的互动关系是通过内在要素之间的相互联系和相互作用而产生的，研究产业金融的工作机理，实际上就是通过分析各个要素之间内在的联结方式、制约关系来揭示产业与金融之间相互渗透和相互作用的规律，从而更系统地掌握产业金融的实现条件、实现方式等基本原理。因此，研究产业金融的运作机理将有助于更为精确的评价目前我国产业金融的发展状况。

实现资本的价值增值是产业金融的本质要求，因此资本是联结产业与金融的基础，也是影响产业金融的核心要素。产业资本是指用于产业生产和再生产活动的各种资源，既包括厂房、设备等有形资本及生产资金，也包括知识、技术、信息等无形资本。产业资本高度集中和垄断以后，产生了大量的货币需求，促生了银行资本的垄断，金融资本正是产业资本在流通周期里与银行资本相互渗透、融为一体而形成的最高形态的垄断资本。

在生产阶段前期，企业通过货币资本购买厂房、设备、劳动力等生产资料，其中资金的来源渠道主要是企业的投资和融资，因此，金融业作为资金融通的重要渠道，主要是通过借贷资本开始渗透到产业生产领域并作用于产业生产和再生产过程。

在生产经营过程中，企业为实现利润最大化要进行规模扩张和技术升级，以寻求规模效应，但是通过自身内部资源已经无法满足发展的需要，而资本市场对价值有放大作用，可以通过资本上市、重组、并购、参股等方式使企业在短时间内快速积累财富，从而形成新的价值增值机制。在这一过程中，金融资本的增值部分一部分是由投入企业再生产后创造出来的，一部分是通过货币自身周转产生的利息等收入和投资金融产品所产生的收益。由此可见，产业资本为金融资本提供了依托和基础，金融资本加快产业资本的扩张与循环速度，产业金融实际上是利用资本市场以实现产业资本与金融资本的相互转化，并以此来提高资本的运作效率，加快资本的运转，从而实现资本的增值（见图 3.1）。

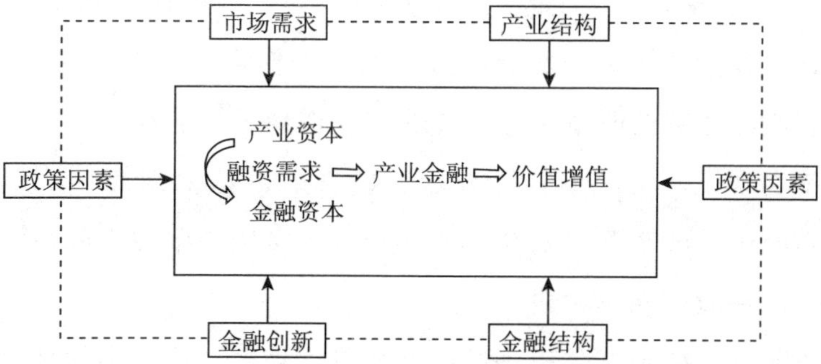

图 3.1　产业金融运行的内在机理

由图 3.1 可见，在产业金融的整个运行机制中，产业资本和金融资本是产业金融的核心要素，价值增值是产业资本与金融资本相互转化、形成产业金融的内在动力。在外部环境中，市场需求、产业结构、金融创新、金融结构、政策因素、政府行为等组成了产业金融的外在动力，而且外部环境的各要素之间也是相互联系、相互作用的。首先市场需求影响着市场利润的空间，在市场竞争作用下，企业之间会寻求规模效应来实现利润最大化，而产业内的竞争与协作推动了产业规模的扩大和产业结构的调整，同时产生大量的融资和金融服务的需求，促进了金融工具不断创新和金融机构的多元化发展，金融结构的调整会影响资源配置的效率，从而决定了产业结构转换的速度和效果。由于市场机制往往失灵，因此需要政府加以管理和引导，产业政策、金融政策以及政府干预有时直接决定了产业和金融业的发展方向，从而影响和制约着产业金融的发展模式和实现路径。

3.2 产业金融的发展历程

在经济发展的过程中，产业金融的发展始终是在一个国家或一个地区产业政策的指导下进行的。但在经济发展的不同阶段，产业金融的发展会具有不同的特点，因此，了解目前我国产业金融的现状并进行梳理，是评价我国产业金融发展的必要前期工作之一。改革开放 30 多年来，随着经济体制的改革深化，我国产业得到了快速成长，国内经济的发展水平实现了巨大飞跃，产业金融的发展也从无到有，从单一到多元，大致经历了改革开放初期、产业资本集聚期、金融市场活跃期、资本市场多元化时期四个阶段。

在改革开放的初期，市场经济逐步取代计划经济，金融体制开始向中央银行体制过渡，这种政府主导下的金融体系有利于资金的集中分配和管理，增加有效供给，缓解市场紧缺的问题。但是由于金融资源稀缺，金融市场体系不够完善，有限的金融资源不可能通过市场作用来实现有效的、合理的配置，这时就需要通过政府的作用，即产业金融的手段来将金融资源集中投向几个特定的产业，以实现产业的非均衡发展和经济的跨越式发展。因此，在这一阶段，产业金融的特点是政府主导型金融，以金融体制的改革来推动产业结构的调整。

进入八十年代中期，市场经济的发展使长期压抑的市场需求逐渐释放出来，从而需求带动了大量投资，国有企业成为投资的主体，实现了快速扩张。随着经济发展水平的不断提高，金融资源的稀缺性有所缓解，市场体系也有所完善，我国金融市场开始多元化发展，资本市场对产业发展起着越来越重要的作用。在这一阶段，以国有企业为主体的产业资本快速积累，并伴随着对资本扩张的需求，开始向金融企业渗透。

九十年代中后期，随着资本市场的高速发展，产融结合的模式呈现多样化态势。国内实力雄厚的企业开始通过发起组建、投资参股、控股商业银行和保险公司、证券公司、信托公司、金融控股公司等非银行类金融机构，实现了资本的多元化经营，并借助产融结合加快发展。这时市场已经能够比较高效地实现资源配置，而另一方面，政府在资源配置中的必要性大大减弱，其缺陷也逐步显现，“政府失灵”出现的可能性大大增加，产业金融所重点的支持的产业则从劳动密集型、附加值低的产业向高附加值的资本密集型和知识密集型的产业转移，这时，政府在产业金融中的作用也逐步让位于市场。

进入二十一世纪，在经济全球化的影响下，特别是金融危机以后，越来越多的企业开始回归产业，一方面整合产业链资源，促进产业转型升级，提高核心竞争力；另一方面通过走出去寻求多元化、国际化的发展，以获得更大的市场和更好的资源，因此，对金融服务提出了新的需求，如跨国并购、跨境支付、国际租赁等。同时，金融市场的逐步开放，引进了大量先进的金融技术，使得金融工具、金融产品不断创新，资本市场趋于多层次、多元化发展，这为产业转型升级提供了高质量、多样化的服务模式。因此，这一阶段的产业金融呈现出产业化、集成化、多元化的特点，产业借助金融手段整合产业链资源，吸引产业集聚，从而促进企业优胜劣汰，加快产业的转型升级。

3.3 产业金融的发展趋势

国家和地区产业金融的发展潜力，是考察产业金融评价的一项重要内容，而在经济发展的过程中，产业金融的发展始终会受到一个国家或一个地区产业结构与金融结构的制约。考虑到未来我国产业结构与金融结构的变化，产业金融将逐渐形成政府引领、市场运作、适度创新的发展格局。具体来讲，主要体现在主体结构多元化、运作模式组团化、以及辐射范围国际化三大趋势。

1. 主体结构多元化

随着经济发展方式的转变，产业发展主体将呈现多元化特征，不同产业类型的企业对资金需求的差别性会加大，因而需要调整金融结构，来适应产业发展中多层次的金融需求。金融结构不合理的主要原因是金融结构的单一化导致资产分布失衡，使得融资结构不平衡。因此，产业结构的转型升级需要金融业形成多层次的金融体系，相应地产业金融的主体结构也将由单一化向多元化转变。

现阶段来看，我国的经济制度决定了产业金融的主体主要以国有大中型企业和国有商业银行为主，中小型企业和银行虽然规模在逐渐扩大，但是还没有形成一定的市场竞争力，其能够获得的金融资源十分有限。次贷危机以后，战略性新兴产业成为了世界各国争相抢占的高点，中小企业特别是科技型、创新型中小企业的科技创新能力越来越受到关注，我国政府也进一步加大对中小企业的扶持力度，一方面加大政府直接投资的力度，同时从税收优惠、信贷支持、政府采购等方面加大对中小企业的支持；另一方面拓展中小企业的融资渠道，创新政府、企业、银行、担保等多方多种合作模式，积极鼓励风险投资、民间资本等加大对科技型中小企业的投入，引导金融资源的合理配置。尽管这些金融机构的规模有限，但是业务的操作性强，与中小企业的关联度高，更适应中小企业的融资需求。因此在未来产业金融的发展中将发挥更加重要的作用。由此可见，随着产业结构和金融结构调整的深入，金融资源的配置将更加均衡合理，中小企业特别是科技型、创新型中小企业在产业金融主体结构中的地位日益重要，产业金融主体结构将呈现出多元化的发展趋势。

2. 运作模式组团化

近年来，我国产业规模在持续扩大，一些行业的规模已经位居全球前列。但是由于我国部分产业的产业链很短，附加值不高，创新能力薄弱，产品依然处于全球产业链的低端，但这些产业链中的骨干或核心企业会更容易获得金融的支持，并且通过上市、风险投资等资本运作掌握更多的金融资源。

随着产业集聚发展日益增强，产业之间的融合更加紧密，产业链向纵向深入，产业链中的关联企业分工更细，数量更多，核心企业的引领作用和集聚效应将更加明显。目前，一些企业已经通过旗下的财务公司、投资基金等金融机构，开展与产业链上下游企业相关的信贷、担保、融资租赁等业务，进一步加强对产业链的整合，以控制产业链资源来实现价值增值；一些银行也开展了产业链融资业务，加强对产业发展的支持力度。

企业控制的资源规模在逐渐扩大，金融业也会相应地提高服务层次来适应新的需求。当前在金融业分业经营的体制下，企业之间、企业与金融机构之间以及金融机构之间的合作将越来越紧密，传统一对一的金融服务已经不适应产业发展的需求。合作发展会使有利于资源的集中和优化，同时有利于消除信息壁垒，降低交易成本，由此可见，未来我国银团、金融集团、大型财团等组织将越来越多，产业金融的运作模式将从个案式向组团式延伸。

3. 辐射范围国际化

经济全球化促进了要素的全球性流动，为企业的全球化发展创造了条件，我国依靠发达国家产业转移和技术溢出实现了工业化发展。金融危机以后，世界主要发达国家的经济受到严重影响，金融资源开始向亚洲集聚，同时我国人民币地位的上升，也意味着我国开始从贸易大国走向资本大国。因此，在这一机遇期，不仅要培育战略性新兴产业，形成一批掌握核心科技的企业，而且要鼓励企业利用资本市场，走出国门拓展国际市场，增强全球资源配置能力。

由于前期评估、后期管理的不足，目前我国海外并购的失败率、亏损率依然较高，但是海外并购日益活跃的趋势不会改变，我国企业的规模迅速扩张，经济实力不断增强，企业有意愿拓展国际市场，而发达国家的一些企业受市场规模瓶颈的制约，收益日渐萎缩甚至面临破产，通过并购不仅解决了国外企业的资金问题，而且使我国企业可以利用国外的先进技术和品牌价值，以弥补产业附加值的短板。同时，金融全球化、人民币国际化也为海外并购提供了有力的条件，使国内企业利用资本市场进行股权投资，实现了资源配置价值的最大化。

3.4　产业金融的评价要素

本章对产业金融内在运行机理的梳理，以及对我国产业金融发展历程以及未来趋势的分析，共同构成了评价我国产业金融的研究基础。在此之上，结合理论部分对于产业金融的定理与理论依据，可以确定产业金融评价的四大要素以及各大要素所包含的范围，并以此作为之后建立产业金融评价指标体系的标准。

1. 产业金融规模效率

产业金融规模最为直接的评判指标即社会融资的总体规模，这里的社会融资涉及银行、证券、保险等众多传统与新兴的金融机构。一方面，作为政府干预经济和金融的一种重要体现，产业金融的规模程度一般基于政府自身的能力。即从技术上说，政府行政应当能为社会体制变革和现代化提供制度支持和整合资源，且必须具备必要的社会和市场管理的能力，但是，如果这种能力超出了政府所能承受的限度，尤其是政府的调控能力比较低下时，充分发挥市场经济的作用是非常有必要的，否则政府的干预只会破坏整体经济运行的活力，对经济活动的扭曲只能使经济活动的效率下降。

而从产业金融的效率角度分析，一般认为，政府的作用是解决市场失灵，而产业金融则是旨在解决金融市场的失灵，之所以这么定位，是因为一般来说政府干预经济和金融的效率是不太高的。所以，政府干预应当以实现市场效率为准则，其干预应该能够提高市场经济运行的效率，以有利于市场经济的快捷发展为标准，否则干预就失败。因此，在考虑产业金融效率方面，不仅需要从社会整体融资成本上进行评价，而且要关注各细分行业的效率。

2. 经济发展程度

经济发展是完善产业金融体系的前提，只有建立完善的产业金融体系，才能充分发挥其市场功能，使其在资源配置过程中发挥主导作用。具体来说，经济发展程度的判定，主要从以下几个方面分析：第一，经济总量的大小以及产业结构是否合理；第二，是否已经形成一批主导产业，是否能拉动经济的持续增长，而且这些主导产业要形成相当的国际竞争力、有自主的知识产权和较高的附加值；第三，产业之间的关联程度，主导产业的发展能有效地带动其它产业的发展。在此基础上，当经济发展到一定程度时，通过市场来实现资源的配置，主导产业必然会获得更多的金融支持。因此，只有在上述条件均能达标的前提下，产业金融才得以持续健康发展。

3. 金融体系完善程度

金融市场体系的完善程度同样是产业金融的评价指标之一，完善的金融市场体系要求有完整、统一、开放的金融市场，各个子市场（如资本市场、货币市场等）发展均衡，不存在明显的市场分割（如地区封锁、部门封锁等），并要求资金能够自由地流动，价格、利率等能够对资金供求状况的变化作出灵活的反应。其次，市场需要具备较为良好的信用环境，从信用透明度的角度分析，各主体不需要为获取相关信用信息而支付高额成本，同时也不会因为外部因素或主观因素的作用影响对信用的判断。此外，完善的金融体系需要具备较强的创新意识，通过不断的对功能与技术进行创新，在弥补目前金融体系中所存在缺陷的同时来推动行业平稳可持续的发展。

4. 外部政策环境

外部政策环境主要考虑政策扶持、外部监管以及相关市场约束，从量化的角度分析，政策支持只要考虑政府财政对于产业金融的投入力度。而所谓的外部监管，即外部的风险监管，是在监管成本与效益的权衡下，为了维持整个金融系统的稳定与安全、确保金融系统的竞争性与效率、保护消费者利益目标情况下而进行的风险监管。而从市场约束方面评判，应主要考虑以下几个方面，第一，健全的金融机构信息披露制度，这是市场约束得以发挥的前提条件；第二，完善的信用评级制度，这是实施市场约束的主要手段，它不仅影响银行的信誉与发展能力，而且也能对金融机构的管理层产生激励或形成压力。

中篇

指数篇

第4章　中国产业金融发展指数研究框架

中国产业金融发展指数旨在通过客观、真实的评价指标体系，从多个角度全面客观反映中国产业金融的发展轨迹与发展趋势，为金融支持产业创新发展提供新的依据。本章就中国产业金融发展指数的研究背景、研究框架、指标体系设计等方面内容做全面的梳理和解释，以期更好地理解评价结果。

4.1　指数编制背景

当前，我国经济发展正步入增速调整、结构优化和动力转换的关键时期。推动供给侧结构性改革，促进经济提质增速、转型升级，迫切需要依靠金融与实体经济的创新融合来培育新的发展动力。放眼全球，国际金融危机以来，美、德、日等发达国家分别提出了“再工业化”战略、“工业4.0”计划和“新增长”战略等，其本质都是强调经济要“脱虚向实”，以高新技术推动制造业升级，培育战略性新兴产业。金融是经济的血脉和中枢，可有效引导社会资源配置，对促进产业转型升级和支持实体经济的发展具有重要的支撑作用。

党的十八大报告明确提出，要“深化金融体制改革，健全促进宏观经济稳定、支持实体经济发展的现代金融体系”，“牢牢把握发展实体经济这一坚实基础”。自此之后，党和国家领导人在不同场合多次提出金融服务实体经济的本质要求，产融结合上升到前所未有的高度。2013年9月5日，习近平主席在二十国集团领导人峰会上指出，要继续加强对国际金融市场的监管，使金融体系真正依靠、服务、促进实体经济发展。2014 年 5 月 30 日，李克强总理主持召开国务院常务会议，研究部署了促进金融更好服务实体经济发展的政策措施，提出深化金融改革，用调结构的办法，适时适度、预调微调，疏通金融服务实体经济的“血脉”。随后在 2016 年 3 月，在我国国民经济和社会发展“十三五”规划纲要中再次明确提出，“健全现代金融体系，提高金融服务实体经济效率和支持经济转型的能力”。因此，牢牢把握金融服务实体经济的本质要求，已经成为党中央和国务院对金融工作提出的一项重要方针和基本要求。

纵观五年来，我国金融系统牢牢把握金融服务实体经济这一本质要求，从中央到地方均出台和实施了一系列金融服务实体经济的政策措施，促进了各类金融机构加大金融支持实体经济的力度，我国产业金融的发展有了新的表现，产融结合也取得了新的突破和发展。截至 2016 年底，我国实体经济从金融体系获得的社会融资规模存量达到了 155.99 万亿元，同比增长 12.8%；社会融资规模存量较五年前扩大了 79.21 万亿元，规模累计增长了 103%。其中，直接融资的比重有了显著提升，2016 年全年包括企业债券和非金融企业境内股票融资在内的直接融资量达到了 4.24 万亿元，占当年社会融资规模增量的比重为 23.82%，较五年前提升了 9.76 个百分点。与此同时，融资租赁、私募基金、新型民营银行等一批新兴金融业态也实现了长足发展，投贷联动、投保联动、跨境贷款、众筹融资、P2P 贷款等一批新的金融服务实体经济模式得到创新，金融科技、绿色信贷、绿色债券等新兴发展理念开始兴起，金融服务产业的方式和产融结合的实践均有了探索尝试，并取得了一些成效。

在此背景下，研究和编制中国产业金融发展指数，旨在通过客观、真实的评价指标体系，从多个角度、全面客观反映中国产业金融的发展轨迹与发展趋势，为金融支持产业创新发展提供新的依据。希望中国产业金融发展指数可以成为中国产业金融发展的“晴雨表”和“风向标”，一方面，在宏观上可以反映中国产业与金融融合发展的最新状况，指出中国产业金融发展与国际先进水平之间的差距，加深认识金融在支持产业和实体经济发展中的作用，引起业界对产业金融发展水平和发展质量的关注，引导社会资本加大对产业金融的支持；另一方面，在微观层面，通过对单项指标的具体分析，可以反映出中国在推动产业金融发展所取得的成绩和存在的问题，指导各级政府在薄弱领域加强政策扶持力度、加大财政的引导作用、优化金融促进产业发展的环境，有目标、分阶段地推动金融支持产业发展，以促进实体经济转型升级和持续健康发展。

4.2　指标设计原则

为体现产业金融的内涵和外延特征，评价指标客观反映产业金融发展水平，中国产业金融发展指数指标体系设计应遵循以下原则。

1. 导向性原则

CIFDI 指标体系要充分发挥导向和引领作用，所选取的指标要能反映产业的发展状况、揭示存在的问题；指标具有清晰的价值判断和导向作用，可以引导金融机构、投资者、资本更多地支持产业和实体经济活动，引导产业金融规范发展、创新发展、持续健康发展。

2. 前瞻性原则

评价指标体系的构建着眼于长远，充分预见中国产业金融未来发展可能出现的新业务、新主体、新工具、新市场和新业态。

3. 开放性原则

评价指标体系保持动态性和开放性，根据行业发展的新情况、新特征的变化，及时对指标体系进行补充、完善和修订。

4. 可得性原则

评价指标体系要具有代表性和公正性，同时兼顾数据的可获得性，尽量使用可采集、可鉴别、可量化、可比较的指标，指标数据为可获得的公开数据或第三方权威数据。

5. **科学性原则**

评价指标选取均要有科学依据，指标定义准确，对指标的计算、涵义、来源有十分明确的规定，指标与指标之间的相关性和稳定性同时符合统计科学的要求。

4.3 评价体系框架

根据产业金融发展特征及内涵，并结合我国产业金融发展状况，中国产业金融发展指数（China ´s Industrial Finance Development Index，简称 CIFDI）从资金支持度、结构优化度、服务有效度、创新发展度、环境适应度等五个维度构建起指数评价体系，如图 4.1 所示。

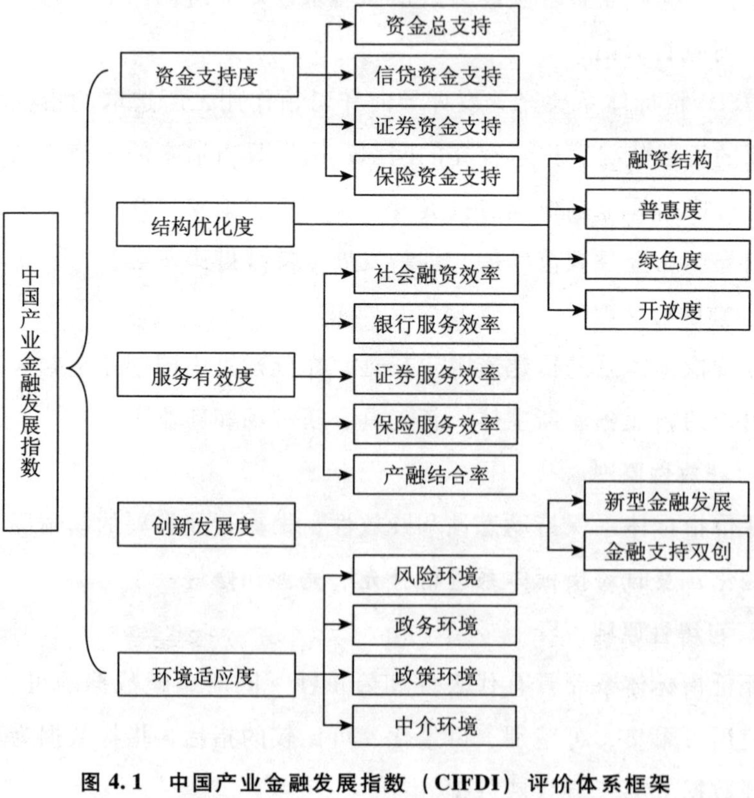

图 4.1　中国产业金融发展指数（CIFDI）评价体系框架

1. 资金支持度

该维度项下，设计了 4 组共计 12 项评价指标。主要从资金支持的规模维度，通过评估全社会融资规模以及银行、证券、保险三大行业所提供的资金支持状况，综合评判当前我国金融体系对实体经济发展的服务与支持状况。

2. 结构优化度

该维度项下，设计了 4 组共计 15 项评价指标。主要从金融体系为实体经济所提供资金的结构维度，并通过评估融资结构的特征以及评估普惠、绿色、开放三大金融服务理念和方式方面的状况，综合评判当前我国金融服务实体经济的服务结构合理性状况。

3. 服务有效度

该维度项下，设计了 5 组共计 12 项评价指标。主要从金融体系为实体经济所提供服务的效率维度，通过评估社会融资成本、银证保三大传统行业的发展状况以及产融结合的情况，综合评判当前我国金融服务实体经济的有效性。

4. 创新发展度

该维度项下，设计了 2 组共计 12 项评价指标。主要从金融体系为实体经济所提供服务的创新维度，通过评估新兴金融业态和对新兴社会经济活动的支持状况，综合评判当前我国金融体系的创新发展水平和对实体经济的创新贡献。

5. 环境适应度

该维度项下，设计了 4 组共计 13 项评价指标。主要从产业金融发展所处的外部环境维度，通过评估风险状况、政务效率、政策支持以及中介发展状况，综合评判当前宏观环境对支持产融结合、引导金融服务实体经济是否起到了正向的促进作用。

4.4 核心指标定义

CIFDI从五个维度共选取了19组共计64项指标来综合反映中国产业金融发展的最新状况，每一项指标基本上选取了相对量来评估，均选用来自可获得的公开数据或第三方权威数据。

4.4.1 资金支持度指标

指标名称	1.1.1 社会融资规模（存量）与金融机构本外币存款余额之比
分子	社会融资规模（存量）/亿元
分母	金融机构本外币存款余额/亿元
说明	社会融资规模存量是指一定时期末（月末、季末或年末）实体经济（境内非金融企业和住户）从金融体系获得的资金余额，而金融机构本外币存款余额则可以用来代表一定时期末国民积累的资金规模，两者相比可以用来衡量全社会对实体经济的资金支持力度
数据来源	中国人民银行调查统计司官网
指标名称	**1.1.2 社会融资规模（存量）增速**
分子	社会融资规模（增量）/亿元
分母	上一年度社会融资规模（存量）/亿元
说明	社会融资规模增量是指在一定时期内，实体经济（境内非金融企业和住户）从金融体系获得的资金总额
数据来源	中国人民银行调查统计司官网
指标名称	**1.1.3 固定资产投资增速**
分子	固定资产投资增速
分母	N. A.
说明	固定资产投资是以货币形式表现的在一定时期内全社会建造和购置固定资产的工作量和与此有关的费用总称，是拉动经济增长的主要因素之一，考察固定资产投资增速可以用以衡量某一时期全社会对经济发展的投入支持水平
数据来源	国家统计局官网：统计公报

指标名称	**1.2.1 当年社会信贷类融资（增量）与GDP之比**
分子	社会信贷类融资（增量）/亿元
分母	GDP/亿元
说明	社会信贷类融资（增量）由社会融资规模（增量）中的人民币贷款、外币贷款、委托贷款、信托贷款和未贴现银行承兑汇票等5项内容相加所得
数据来源	中国人民银行调查统计司官网
指标名称	**1.2.2 非金融企业及机关团体贷款余额与GDP之比**
分子	非金融企业及机关团体贷款余额/亿元
分母	GDP/亿元
说明	非金融企业及机关团体贷款余额是金融机构本外币贷款余额中的一部分，用以反映金融机构提供给非个人消费群体的资金规模，是反映实体经济获取信贷资金的重要指标
数据来源	中国人民银行调查统计司官网
指标名称	**1.2.3 非金融企业及机关团体的贷款余额增速**
分子	当年新增非金融企业及机关团体贷款余额/亿元
分母	上一年度非金融企业及机关团体贷款余额/亿元
说明	用以考察每年新增的非金融企业及机关团体贷款余额规模
数据来源	中国人民银行调查统计司官网
指标名称	**1.3.1 直接融资（增量）与GDP之比**
分子	当年直接融资规模/亿元
分母	GDP/亿元
说明	直接融资由社会融资规模（增量）项下的企业债券和非金融企业境内股票融资两项构成
数据来源	中国人民银行调查统计司官网
指标名称	**1.3.2 商品期货市场年度成交额与GDP之比**
分子	商品期货市场年度成交额/亿元
分母	GDP/亿元
说明	商品期货市场年度成交额由上海期货交易所、大连商品交易所、郑州商品交易所三家交易所全年交易额汇总，不包含金融期货交易所
数据来源	中国证券监督管理委员会官网：期货市场统计月报
指标名称	**1.3.3 私募股权投资规模与GDP之比**
分子	私募股权年度投资规模/亿元

分母	GDP/亿元
说明	私募股权年度投资规模主要由早期投资（天使）、VC 投资和 PE 投资三部分数据构成
数据来源	清科研究中心官网：中国股权投资市场年度报告
指标名称	**1.4.1 保险深度**
分子	年度保费收入/亿元
分母	GDP/亿元
说明	该指标反映我国保险业在国民经济中的地位和发展状况
数据来源	中国保险监督管理委员会官网：行业数据统计
指标名称	**1.4.2 保险总资产与 GDP 之比**
分子	保险业总资产/亿元
分母	GDP/亿元
说明	用以衡量保险业整体发展规模
数据来源	中国保险监督管理委员会官网：行业数据统计
指标名称	**1.4.3 新增为全社会提供风险保障额与 GDP 之比**
分子	保险业年度承保规模/亿元
分母	GDP/亿元
说明	该指标反映我国保险业为实体经济提供的风险保障规模，包括财险、人身险等全部险种
数据来源	中国保险监督管理委员会官网：行业数据统计

4.4.2 结构优化度指标

指标名称	**2.1.1 直接融资占社会融资规模（增量）比重**
分子	年度直接融资规模/亿元
分母	社会融资规模（增量）/亿元
说明	由社会融资规模（增量）项下的企业债券和非金融企业境内股票融资两项构成，可以衡量我国直接融资的发展水平、判断直接融资在全社会融资规模中的地位
数据来源	中国人民银行调查统计司官网
指标名称	**2.1.2 私募股权投资规模与社会融资规模（增量）之比**
分子	年度私募股权投资规模/亿元
分母	年度社会融资规模（增量）/亿元

说明	用以反映在社会融资规模统计口径之外，以私募股权投资为代表的社会资本对整个实体经济发展的重视程度和支持水平
数据来源	清科研究中心官网、中国人民银行调查统计司官网
指标名称	**2.1.3 境内股票市场非金融类企业市值占比**
分子	境内股票市场年末非金融类企业市值/亿元
分母	境内股票市场年末市值/亿元
说明	非金融类上市企业指沪、深两市全部上市公司按照证监会划分的行业分类中剔除金融行业之后的上市公司
数据来源	Wind 数据库、《中国证券期货统计年鉴》
指标名称	**2.1.4 非金融企业境内股票融资占比**
分子	非金融类全年在境内股票市场融资额/亿元
分母	境内股票市场全年融资额/亿元
说明	非金融类上市企业当年通过 IPO、增发等形式从沪、深两市获取的股票融资额
数据来源	Wind 数据库、《中国证券期货统计年鉴》
指标名称	**2.1.5 房地产开发企业国内贷款占行业比重**
分子	房地产开发企业国内贷款规模/亿元
分母	非金融企业及机关团队贷款年度新增规模/亿元
说明	房地产开发企业实际到位资金中扣除自筹资金项后，余下的资金总量记为房地产开发企业国内贷款规模；该项指标反映出房地产行业对其他行业融资的吸血效应，该项指标是逆指标，指标数越小越好
数据来源	国家统计局《全国房地产开发投资和销售情况》统计报告
指标名称	**2.2.1 小微企业贷款余额占比**
分子	小微企业贷款余额/亿元
分母	金融机构面向企业的贷款余额/亿元
说明	该项指标用以衡量我国金融服务实体经济的普惠度
数据来源	中国人民银行《金融机构贷款投向统计报告》
指标名称	**2.2.2 涉农贷款占金融机构本外币贷款余额比重**
分子	涉农贷款余额/亿元
分母	金融机构本外币贷款余额/亿元
说明	包括农户贷款、农村企业及各类组织贷款、城市企业及各类组织涉农贷，用以反映金融业对农村、农业、农民的贷款支持力度
数据来源	中国人民银行《金融机构贷款投向统计报告》

指标名称	**2.2.3 西部十二省市社会融资规模增量占全国比重**
分子	西部十二省市社会融资规模增量总和/亿元
分母	全国社会融资规模增量/亿元
说明	西部十二省市包括内蒙古、广西、重庆、四川、贵州、云南、西藏、陕西、甘肃、青海、宁夏和新疆；通过对经济相对欠发达地区所获取金融资源在全国所占的比重，可用以考察我国金融体系对金融服务普惠理念的支持度
数据来源	Wind 数据库
指标名称	**2.3.1 绿色信贷规模占比**
分子	绿色信贷余额/亿元
分母	金融机构本外币贷款余额/亿元
说明	用以衡量银行业金融机构对践行绿色低碳发展理念所提供的金融支持
数据来源	中国银行业协会：《中国银行业社会责任报告》
指标名称	**2.3.2 新增绿色信贷规模占比**
分子	年度绿色贷款新增规模/亿元
分母	金融机构本外币贷款年度新增规模/亿元
说明	用以衡量每年银行业金融机构新增贷款对践行绿色低碳发展理念的支持力度
数据来源	中国银行业协会：《中国银行业社会责任报告》
指标名称	**2.3.3 绿色债券占企业债券融资额的比重**
分子	年度绿色债券融资规模/亿元
分母	年度债券市场融资规模/亿元
说明	用以衡量证券业金融机构对践行绿色低碳发展理念所提供的金融支持。
数据来源	中国人民银行：《中国金融稳定报告》《中国绿色债券市场现状报告》
指标名称	**2.4.1 境外贷款占比**
分子	境外贷款余额/亿元
分母	金融机构本外币贷款余额/亿元
说明	境外贷款指国内金融机构面向境外机构或境外业务所产生的贷款业务，用以考察我国金融机构对中国企业走出去发展所发挥的金融支持
数据来源	中国人民银行调查统计司官网
指标名称	**2.4.2 境内企业境外 IPO 上市家数占比**
分子	年度境内企业境外 IPO 上市家数
分母	年度中国企业境内外 IPO 总数
说明	用以衡量中国企业对海外资本市场的利用水平
数据来源	投中研究院年度研究报告

指标名称	2.4.3 私募基金国外投资金额占比
分子	私募股权基金国外投资金额/亿元
分母	私募基金全年投资金额/亿元
说明	用以衡量私募股权基金发展的国际化水平
数据来源	清科私募通数据库
指标名称	2.4.4 境外投资者在股票市场的比重
分子	QFII 投资额度/亿元
分母	境内股票市场上市公司总市值/亿元
说明	用以衡量国内股票市场的境外投资机构参与程度
数据来源	Wind 数据库

4.4.3　服务有效度指标

指标名称	3.1.1 非金融性企业及其他部门贷款加权平均利率
分子	非金融性企业及其他部门贷款加权平均利率
分母	N. A.
说明	表示企业通过银行业金融机构获取资金的平均利率水平，用以衡量我国社会平均融资成本；该指标是逆指标，指标数越小越好
数据来源	中国人民银行：《中国区域金融运行稳定报告》
指标名称	3.1.2 GDP 与全社会融资服务规模（增量）之比
分子	GDP/亿元
分母	年度社会融资规模（增量）/亿元
说明	用以反映单位社会融资规模服务所产生的效益，衡量社会融资效率
数据来源	中国人民银行调查统计司官网
指标名称	3.2.1 银行业集中度
分子	国内前五大银行资产规模总量/亿元
分母	银行业资产规模/亿元
说明	前五大银行为工、农、中、建、交，五大行资产规模占比越低，说明银行业行业集中度越低，行业竞争相对越充分，服务效率就会高；该项指标是逆指标，数值越低越好
数据来源	Wind 数据库

指标名称	**3.2.2 商业银行净利息收益率**
分子	商业银行净息差
分母	N. A.
说明	净息差越大，说明银行业信贷资金成本就越高，还存在很大的改善空间；该项指标为逆指标，指标数值越小越好
数据来源	Wind 数据库
指标名称	**3.3.1 境内股票融资额与股票市场交易额之比**
分子	境内股票市场年度融资额/亿元
分母	全年股票市场交易额/亿元
说明	用以衡量股票二级市场资金对实体经济的支持效率
数据来源	《中国证券期货统计年鉴》
指标名称	**3.3.2 证券业集中度**
分子	前五大证券公司资产总规模/亿元
分母	证券业资产规模/亿元
说明	前五大证券公司为中信证券、海通证券、国泰君安、华泰证券和广发证券。该项指标用以衡量证券行业的垄断程度，反映市场竞争的充分程度；该项指标为逆指标，指标数值越小越好
数据来源	Wind 数据库
指标名称	**3.4.1 保险资金运用率**
分子	保险资金运用总额中除银行存款外的资金规模/亿元
分母	保险资金运用总额/亿元
说明	用以反映保险资金对实体经济的支持水平
数据来源	中国保险监督管理委员会官网
指标名称	**3.4.2 保险业集中度**
分子	排名前五大保险公司资产总规模/亿元
分母	保险业总资产/亿元
说明	不考虑保险集团公司，总资产规模排名前五的保险公司分别为中国人寿、平安人寿、太平洋人寿、新华人寿和泰康人寿；该项指标用以衡量保险行业的市场竞争水平，该指标为逆指标，指标数值越小说明行业竞争越充分
数据来源	中国保险监督管理委员会官网、Wind 数据库
指标名称	**3.5.1 财务公司占金融总资产比重**
分子	全国财务公司资产总和/亿元

分母	金融总资产/亿元
说明	金融总资产由银行业总资产、证券业总资产和保险业总资产三者相加
数据来源	《中国企业集团财务公司年鉴》
指标名称	**3.5.2 金融上市公司中被产业集团控股的市值占比**
分子	产业集团控股的金融上市公司市值/亿元
分母	金融上市公司总市值/亿元
说明	考察金融上市公司第一大股东，如果主业是非金融类的实业集团，则该金融上市公司就记为产业集团控股的金融上市公司
数据来源	Wind 数据库
指标名称	**3.5.3 私募股权投资基金中的企业 LP 占比**
分子	私募股权投资市场企业 LP 数量
分母	私募股权投资市场 LP 总数
说明	用以衡量企业利用私募投资基金方式实现产融结合的普遍程度
数据来源	清科私募通数据库
指标名称	**3.5.4 融资担保业在保余额与社会融资规模（存量）之比**
分子	融资担保业在保余额/亿元
分母	社会融资规模（存量）/亿元
说明	用以衡量融资担保业对实体经济从金融系统获取资源的支持力度
数据来源	Wind 数据库、中国融资担保业协会

4.4.4　创新发展度指标

指标名称	**4.1.1 P2P 网贷平台贷款余额与社会融资总额（存量）之比**
分子	P2P 网贷平台贷款余额/亿元
分母	社会融资总额（存量）/亿元
说明	表示 P2P 网贷平台对实体经济的支持水平，自 2014 年开始统计
数据来源	第一网贷平台发布的统计信息
指标名称	**4.1.2 众筹平台融资金额与社会融资总额（增量）之比**
分子	全年众筹平台融资金额/亿元
分母	年度社会融资规模（增量）/亿元
说明	用以反映众筹平台全年支持，自 2014 年开始统计
数据来源	零壹财经发布的统计信息

指标名称	**4.1.3 私募基金管理规模（实缴）与GDP之比**
分子	私募基金管理规模（实缴）/亿元
分母	GDP/亿元
说明	用以反映私募基金发展水平，衡量其对社会经济发展所可能起到的作用
数据来源	Wind数据库
指标名称	**4.1.4 民营银行数量占商业银行总数的比重**
分子	新型民营银行法人机构数量
分母	商业银行法人机构总数
说明	新型民营银行统计当年完成开业的数，商业银行统计口径参照中国银监会监管统计口径，包含国有大行、股份制银行、城商行和农商行，不包含村镇银行、农信社等
数据来源	中国银监会金融许可证查询系统、Wind数据库
指标名称	**4.1.5 融资租赁合同余额与社会融资规模（存量）之比**
分子	融资租赁合同余额/亿元
分母	社会融资规模（存量）/亿元
说明	融资租赁合同余额是存量概念，用以反映融资租赁行业对实体经济的服务支持力度
数据来源	Wind数据库、中国商务部
指标名称	**4.1.6 小额贷款公司贷款余额与社会融资规模（存量）之比**
分子	小额贷款公司贷款余额/亿元
分母	社会融资规模（存量）/亿元
说明	用以反映小额贷款公司在金融体系中所处的地位，对实体经济发展支持所实际作出的贡献
数据来源	中国人民银行调查统计司官网
指标名称	**4.2.1 每万家企业新三板市场挂牌数**
分子	新三板市场年末挂牌企业总数
分母	全国工商注册的企业实有户数
说明	企业户数含分支机构，该指标用以反映新三板市场对创业企业支持力度
数据来源	Wind数据库
指标名称	**4.2.2 每万家企业区域性股权市场挂牌数**
分子	全国所有区域股权市场挂牌企业总数
分母	全国工商注册的企业实有户数
说明	区域性股权市场挂牌企业数包括托管企业和展示企业的数量
数据来源	《中国证券业发展报告》、Wind数据库

指标名称	4.2.3 创业板年度融资量占股票市场融资量比重
分子	创业板市场年度融资额/亿元
分母	沪深两市全年股票融资额/亿元
说明	创业板是专为暂时无法在主板上市的创业型企业、中小企业和高科技产业企业等需要进行融资和发展的企业提供融资途径和成长空间的证券交易市场，通过该项指标可以考察资本市场对创业创新型企业的支持水平
数据来源	深圳证券交易所、上海证券交易所官网
指标名称	4.2.4 私募股权投资基金新增募资金额与 GDP 之比
分子	私募股权投资基金新增募资金额/亿元
分母	GDP/亿元
说明	私募股权投资基金当年募资金额主要涵盖天使、VC、PE 三类投资基金数据
数据来源	清科研究中心：清科年报
指标名称	4.2.5 天使及创投年度投资规模与 GDP 之比
分子	天使及创投年度投资规模/亿元
分母	GDP/亿元
说明	天使及创投年度投资规模主要涵盖天使、VC、PE 三类投资基金年度数据
数据来源	清科研究中心：清科年报
指标名称	4.2.6 并购交易规模与社会融资规模（增量）之比
分子	并购交易年度规模/亿元
分母	社会融资规模（增量）/亿元
说明	用以衡量中国并购交易的发展水平以及对实体经济发展的贡献。
数据来源	清科研究中心：《中国并购市场研究报告》

4.4.5 环境适应度指标

指标名称	5.1.1 商业银行资本充足率
分子	商业银行资本充足率
分母	N. A.
说明	商业银行统计范畴，不含村镇银行、信用社等
数据来源	Wind 数据库
指标名称	5.1.2 资本市场年化波动率
分子	资本市场年化波动率

分母	N. A.
说明	计算全部上市公司年化波动率的算术平均数，计算周期为每日，取对数收益率
数据来源	Wind 数据库
指标名称	**5.1.3 保险行业综合偿付能力充足率**
分子	保险行业综合偿付能力充足率
分母	N. A.
说明	数据为我国保险业实施“偿二代”管理体系之后的统计口径
数据来源	中国保险监督管理委员会官网
指标名称	**5.1.4 非法集资涉案金额与社会融资总额（增量）之比**
分子	非法集资涉案金额/亿元
分母	社会融资总额（增量）/亿元
说明	非法集资涉案金额为当年度办案披露的金额，是增量概念
数据来源	处置非法集资部际联席会议工作报告
指标名称	**5.2.1 腐败控制水平**
分子	腐败控制指数
分母	N. A.
说明	指标选自世界银行发布的《全球治理指数（The Worldwide Governance Indicators）》报告中的 Control of Corruption 子项，按所有参评国家排名所处的百分比等级计数
数据来源	世界银行：http：//info. worldbank. org/governance/wgi/index. aspx#home
指标名称	**5.2.2 营商便利度**
分子	营商便利度
分母	N. A.
说明	选用世界银行数据库统计发布的 Doing Business 评分指标
数据来源	世界银行：databank. worldbank. org/data/reports. aspx？ source = doing-business
指标名称	**5.2.3 法治水平**
分子	法治指数
分母	N. A.
说明	指标选自世界银行发布的《全球治理指数（The Worldwide Governance Indicators）》报告中的 Rule of Law 子项，按所有参评国家排名所处的百分比等级计数
数据来源	世界银行：http：//info. worldbank. org/governance/wgi/index. aspx#home
指标名称	**5.3.1 政府引导基金与私募基金管理规模之比**
分子	政府引导基金规模/亿元

分母	私募基金实缴注册规模/亿元
说明	政府引导基金规模为年末实际到位资金规模
数据来源	投中研究院发布的政府引导基金研究报告
指标名称	**5.3.2 国家财政科技支出占总支出比重**
分子	年度财政科技支出额/亿元
分母	国家财政支持总额/亿元
说明	财政科技支出是指国家财政预算内安排的科研支出，为增量概念
数据来源	国家统计局官网
指标名称	**5.3.3 政府效率**
分子	政府效率指数
分母	N. A.
说明	指标选自世界银行发布的《全球治理指数（The Worldwide Governance Indicators）》报告中的 Government Effectiveness 子项，按所有参评国家排名所处的百分比等级计数
数据来源	世界银行：http：//info. worldbank. org/governance/wgi/index. aspx#home
指标名称	**5.4.1 每百万人口注册会计师数**
分子	年末全国注册会计师数/人
分母	年末国家人口/百万人
说明	该指标反映我国注册会计师事务所中介发展水平
数据来源	中国注册会计师行业管理信息系统
指标名称	**5.4.2 每百万人口执业律师数**
分子	年末全国执业律师数/人
分母	年末国家人口/百万人
说明	该指标反映我国律师事务所中介发展水平
数据来源	国家统计局官网
指标名称	**5.4.3 每百万人口资产评估机构数**
分子	年末全国资产评估机构数/家
分母	年末国家人口/百万人
说明	该指标反映我国资产评估行业发展水平
数据来源	中国资产评估协会专题研究小组《中国资产评估行业发展报告》

4.5 数据处理方法

CIFDI 指标体系收集了从 2011—2016 年期间的序列数据，涉及 64 项指标超过 400 个数据，所有指标将进行预处理、标准化处理、指标赋权、指数化处理等过程。

4.5.1 数据预处理

由于涉及数据时间跨度较长，部分数据指标统计口径和统计内涵发生过改变，部分指标的数据系列就会存在缺失。为此，在进行数据标准化之前，需要先对数据序列进行预处理工作，补齐缺失数值。

表 4.1 数据缺失情况处理方案

第 1 种情况						
数据缺失年份：最初年份	2011 年	2012 年	2013 年	2014 年	2015 年	2016 年
现有数据	—	20	30	40	50	60
预处理后数据	20	20	30	40	50	60
第 2 种情况						
数据缺失年份：中间年份	2011 年	2012 年	2013 年	2014 年	2015 年	2016 年
现有数据	10	—	30	—	50	60
预处理后数据	10	10	30	30	50	60
第 3 种情况						
数据缺失年份：最近年份	2011 年	2012 年	2013 年	2014 年	2015 年	2016 年
现有数据	10	20	30	40	50	—
预处理后数据	10	20	30	40	50	50

如表 4.1 所示，对于数据序列在最开始年份缺失情况如 2011 年，应选择下一年（2012 年）指标数据做填充；对于数据序列在中间年份缺失情况如 2012 年，应选取前一年（2011 年）指标做填充；对于数据序列在最近年份缺失情况如 2016 年，应选取可获取的最近年份的数据

做填充。

4.5.2　数据标准化

CIFDI 指标体系选取 2011 年各项指标数据作为指标体系基准值，即 2011 年各项指标指数化后的得分项汇总为 100。需要注意的是，由于部分统计指标缺乏数据或当初尚未有统计口径，2011 年部分指标基准值做过相应调整，如表 4.2 所示。

表 4.2　基准值涉及调整的指标项说明

2011 年指标基准项	原始值	调整值	说明
新增绿色信贷规模占比	—	5%	2011 年国家未公布统计数据，选取近三年平均值作为参照
绿色债券占企业债券融资额的比重	—	5%	我国绿色债券自 2015 年才开始起步，基准值参照绿色信贷平均规模选取
私募基金国外投资金额占比	—	18%	2013 年才开始有统计数据，选取近四年平均值作为基准值
P2P 网贷平台贷款余额与社会融资总额（存量）之比	—	0.50%	2014 年起才开始有行业统计数据，由于数据规模较小，选取近两年平均水平作为基准
众筹平台融资金额与社会融资总额（增量）之比	—	0.10%	近两年行业才开始成长，统计数据选取 2016 年作为基准值
私募基金管理规模（实缴）与 GDP 之比	—	2.32%	2013 年前未有统计数据，选取最近年份 2014 年作为基准值
民营银行数量占商业银行总数的比重	—	0.50%	2014 年第一批机构试点成立，选取近两年平均水平作为基准值
每万家企业新三板市场挂牌数	—	1	2013 年前新三板市场企业挂牌数相对偏少，选用 2014 年之后数据作为基准
每万家企业区域性股权市场挂牌率	—	10	区域性股权市场成长于 2013 年之后，选取 2013-2014 年平均水平作为基准
创业板年度融资量占股票市场融资量比重	—	5%	创业板市场受宏观调控政策影响，市场融资波动较大，选取近五年平均水平作为基准值
私募股权投资基金新增募资金额与 GDP 之比	—	1%	选取近五年数据平均值作为 2011 年基准值

续表

2011 年指标基准项	原始值	调整值	说明
天使及创投年度投资规模与GDP之比	—	0.1%	统计口径存在变化，根据最新行业发展状况，选取近五年平均数据作为基准值
并购交易规模与社会融资规模（增量）之比	—	5%	并购交易起步成长时间相对较晚，选取近五年平均水平作为基准值
保险行业综合偿付能力充足率	—	230%	“偿二代”制度体系于 2014 年开始试运行，基准值选用 2014 年数据
非法集资涉案金额与社会融资总额（增量）之比	—	0.5%	2012 年之前未有相关统计数据，选用 2013 年数据作为基准值
政府引导基金与私募基金管理规模之比	—	8.65%	2014 年前统计数据不完全，数据不具可比性，选用 2014 年作为基准值

在 2011 年基准值确定的基础上，所有指标数据应按照以下规则执行标准化处理：

- 对于正指标（即越大越好的指标），标准化公式为：

指标相对量化值=指标原始值/2011 年基准值

- 对于逆指标（即越小越好的指标），标准化公式为：

指标相对量化值=2011 年基准值/指标原始值

4.5.3 指标赋权

CIFDI 指标权重采用分层赋权方法确定，一级指标、二级指标权重由专家协商确定，三级指标权重由专家打分确定。专家主要由金融行业从业人员、政府监管部门监管人员、产业金融领域相关研究人员组成。最终一级指标和二级指标的权重分布如表 4.3 所示。

表 4.3　CIFDI 指标体系一级指标和二级指标权重分布

一级指标	一级指标权重	二级指标	二级指标权重
资金支持度	20%	资金总支持	5%
		信贷资金支持	5%
		证券资金支持	5%
		保险资金支持	5%
结构优化度	20%	融资结构	5%
		普惠度	5%
		绿色度	5%
		开放度	5%
服务有效度	20%	社会融资效率	4%
		银行服务效率	4%
		证券服务效率	4%
		保险服务效率	4%
		产融结合率	4%
创新发展度	20%	新型金融发展	10%
		金融支持双创	10%
环境适应度	20%	风险环境	5%
		政务环境	5%
		政策环境	5%
		中介环境	5%

4.5.4　指数化处理

将年度相关指标的标准化得分与指标权重相乘后加总，再将指数加总结果放大 100 倍，即可得每年度 CIFDI 指数，其包括一个综合指数和四个一级指标分项指数。

第 5 章　中国产业金融发展指数综合评价

中国产业金融发展指数（CIFDI）是一项综合性的评价指数，由资金支持度、结构优化度、服务有效度、创新发展度和环境适应度 5 个维度的 19 组共计 64 项指标评价构成，其每一年指数结果是按照 2011 年为基准计算得来的。本章着重介绍 CIFDI 综合评价结果和发展态势，并给出 CIFDI 评价结果的核心要点。

5.1　综合指数结果

五年来，中国产业金融发展取得突出成绩。根据 CIFDI 的评价结果显示，2016 年，我国产业金融发展指数达到 149.78 分，较 2011 年累计增长了 49.78%。如图 5.1 所示，单从综合指数得分来看，五年来中国产业金融取得了长足的发展，特别是在近三年，中国产业金融综合指数得分年均复合增长 13.3%，产业金融发展水平提升明显。

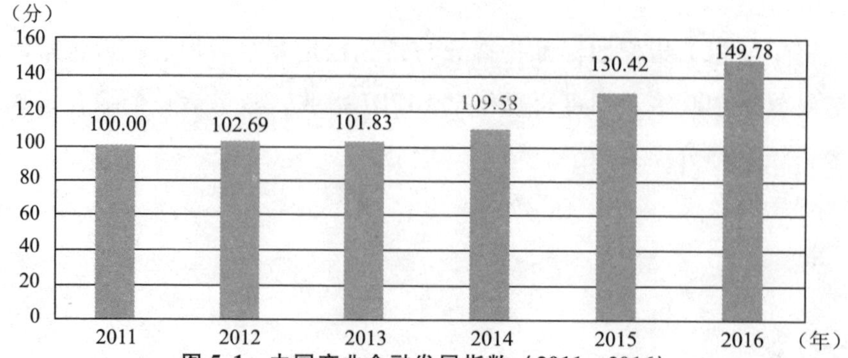

图 5.1　中国产业金融发展指数（2011—2016）

从中国产业金融发展指数的得分构成来看，中国产业金融发展水平的有效提升是各方面条件优化改善的综合结果。如图 5.2 所示，构成 CIFDI 五个维度的评分在近三年中均出现了不同程度的增长。五年来，金融体系对实体经济的资金支持力度不断加大、融资结构不断优化调整、整体服务效率实现不断提升、服务内容和服务方式不断创新，而发展的外部环境则在不断改善。

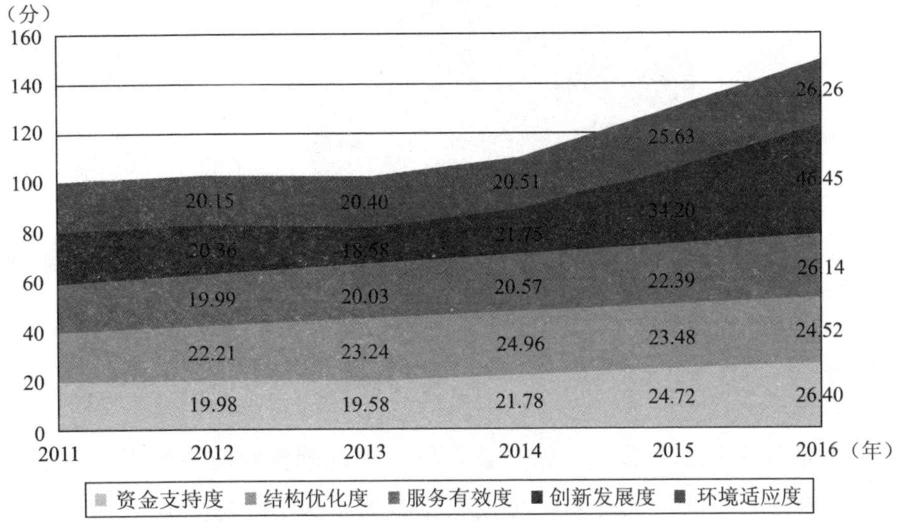

图 5.2 中国产业金融发展指数得分构成变化（2011—2016）

从五个维度分项评分的增幅来看，中国产业金融发展的各个方面并不如想象中的那么均衡。2016 年，中国产业金融发展的资金支持度得分为 26.40 分，较 2011 年增长 6.4 分，累计增幅 32%；结构优化度得分为 24.52 分，较 2011 年增长 4.52 分，累计增幅 22.6%；服务有效度得分为 26.14 分，较 2011 年增长 6.14 分，累计增幅 30.7%；创新发展度得分为 46.45 分，较 2011 年增长 26.45 分，累计增幅 132.25%；环境适应度得分为 26.26 分，较 2011 年增长 6.26 分，累计增幅 31.3%。

可以看出，创新发展度已经成为中国产业金融发展实现大幅提升的关键维度。2016 年 CIFDI 综合得分较五年前累计增长的 49.78 分中，创新发展度所贡献的得分达到了25.49分，占整个指数得分增长贡献的53%，如图5.3所示。相对来说，中国产业金融在资金支持度、结构优化度、服务有效度和环境适应度四个方面的发展幅度要远小于创新发展度方面所带来的增长贡献。

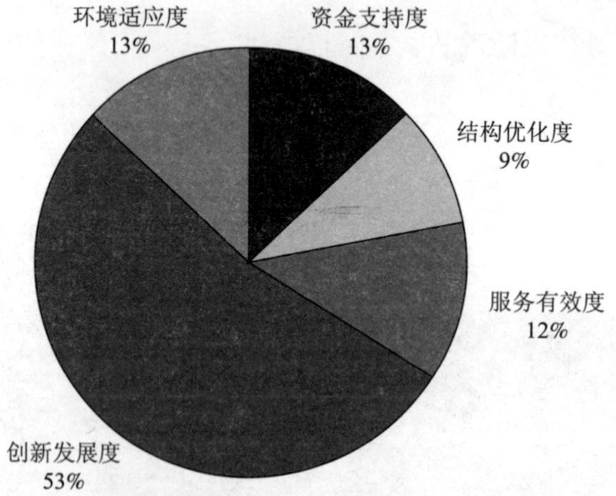

图5.3　2016年五大评价维度对中国产业金融发展综合指数得分增长的贡献

在创新发展度方面，中国产业金融发展的创新贡献主要得益于两方面：一方面是新型金融业态涌现所带来的服务内容扩张，P2P网贷、众筹平台、新型民营银行、融资租赁、小额贷款公司等新型金融机构为实体经济发展注入了新的活力；另一方面则是由“创新创业”国家政策引导所引发的服务规模的扩张，伴随着“双创”活动的活跃，私募股权投资、产业并购、“新三板”挂牌、区域性股权交易市场挂牌等一系列为“双创”事业提供支持的金融服务和创新呈现爆发式增长。

5.2　评价指标特征

在CIFDI指标体系中，64项三级指标与指数结果保持了十分高的相关性，如表5.1所示。其中，24项指标与指数结果间的R^2超过0.8，

21 项指标与指数结果间的 R^2 介于 0.5~0.8 之间，19 项指标与指数结果间的 R^2 低于 0.5。可以看出，保险业发展的相关指标，对指数结果均具有十分强的解释作用；除此之外，私募基金相关数据指标对指数结论也有很强的解释作用；而从实际指数的得分贡献来看，近年来保险业和私募基金行业的发展确实要远远高于其他行业，其进步对中国产业金融发展水平带来的提升是显而易见的。

表 5.1　三级指标与中国产业金融发展指数相关度分析

三级指标	与指数结果间的 R^2	相关性排名
保险深度	0.982	1
境外贷款占比	0.963	2
私募基金管理规模（实缴）与 GDP 之比	0.959	3
每百万人口注册会计师数	0.949	4
每万家企业新三板市场挂牌数	0.949	5
保险总资产与 GDP 之比	0.945	6
融资担保业在保余额与社会融资规模存量之比	0.944	7
保险业集中度	0.942	8
每万家企业区域性股权市场挂牌率	0.935	9
绿色信贷规模占比	0.925	10
商业银行净利息收益率	0.913	11
新增为全社会提供风险保障额与 GDP 之比	0.904	12
保险资金运用率	0.891	13
固定资产投资增速	0.879	14
政府引导基金与私募基金管理规模之比	0.874	15
并购交易规模与社会融资规模增量之比	0.859	16
财务公司占金融总资产比重	0.857	17
非金融性企业及其他部门贷款加权平均利率	0.856	18
私募股权投资规模与社会融资规模增量之比	0.838	19
直接融资占社会融资规模增量比重	0.836	20
银行业集中度	0.827	21
私募股权投资规模与 GDP 之比	0.816	22
融资租赁合同余额与社会融资规模存量之比	0.814	23

续表

三级指标	与指数结果间的 R^2	相关性排名
境内股票市场非金融类企业市值占比	0.800	24
非金融企业及机关团体贷款余额与 GDP 之比	0.797	25
GDP 与社会融资规模增量之比	0.791	26
直接融资（增量）与 GDP 之比	0.788	27
私募股权投资基金新增募资金额与 GDP 之比	0.787	28
每百万人口执业律师数	0.758	29
法治水平	0.725	30
社会融资规模存量增速	0.720	31
政府效率	0.719	32
当年社会信贷类融资增量与 GDP 之比	0.702	33
天使及创投年度投资规模与 GDP 之比	0.698	34
绿色债券占企业债券融资额的比重	0.688	35
每百万人口资产评估机构数	0.678	36
金融上市公司中被产业集团控股的市值占比	0.677	37
腐败控制水平	0.661	38
非金融企业及机关团体贷款余额增速	0.658	39
证券业集中度	0.650	40
非法集资涉案金额与社会融资总额增量之比	0.640	41
营商便利度	0.638	42
小微企业贷款余额占比	0.601	43
保险行业综合偿付能力充足率	0.569	44
商品期货市场年度成交额与 GDP 之比	0.537	45
私募股权投资基金中的企业 LP 占比	0.467	46
非金融企业境内股票融资占比	0.384	47
资本市场年化波动率	0.347	48
商业银行资本充足率	0.339	49
境内股票融资额与股票市场交易额之比	0.339	50
涉农贷款占金融机构本外币贷款余额比重	0.310	51
房地产开发企业国内贷款占行业比重	0.292	52
西部十二省市社会融资规模增量占全国比重	0.268	53
新增绿色信贷规模占比	0.262	54

续表

三级指标	与指数结果间的 R^2	相关性排名
私募基金国外投资金额占比	0.253	55
国家财政科技支出占总支出比重	0.243	56
P2P 网贷平台贷款余额与社会融资总额存量之比	0.229	57
境外投资者在股票市场的比重	0.116	58
民营银行数量占商业银行总数的比重	0.115	59
当年境内企业境外 IPO 上市家数占比	0.087	60
创业板年度融资量占股票市场融资量比重	0.083	61
社会融资规模存量与金融机构本外币存款余额之比	0.077	62
众筹平台融资金额与社会融资总额增量之比	0.009	63
小额贷款公司贷款余额与社会融资规模存量之比	0.001	64

从单个指标对 CIFDI 指数评分的结果来看，来自创新发展度评价维度项下的指标几乎都进入了指标贡献最大的前 20 的排名，如图 5.4 所示。可以说，近五年来中国私募基金发展对促进中国产业金融发展水平提升带来了十分显著的支持作用。64 项指标五年平均的指数变化幅度仅为 0.78 分，而同期私募基金管理规模（实缴）与 GDP 之比单项变化就超过了 7 分。

值得注意的是，五年来，在 CIFDI 指数单项指标评分变化中，有 16 项的指标是保持零增长或负增长状态。其中，固定资产投资增速、非法集资涉案规模、证券业集中度等指标对整个指数的影响最大。

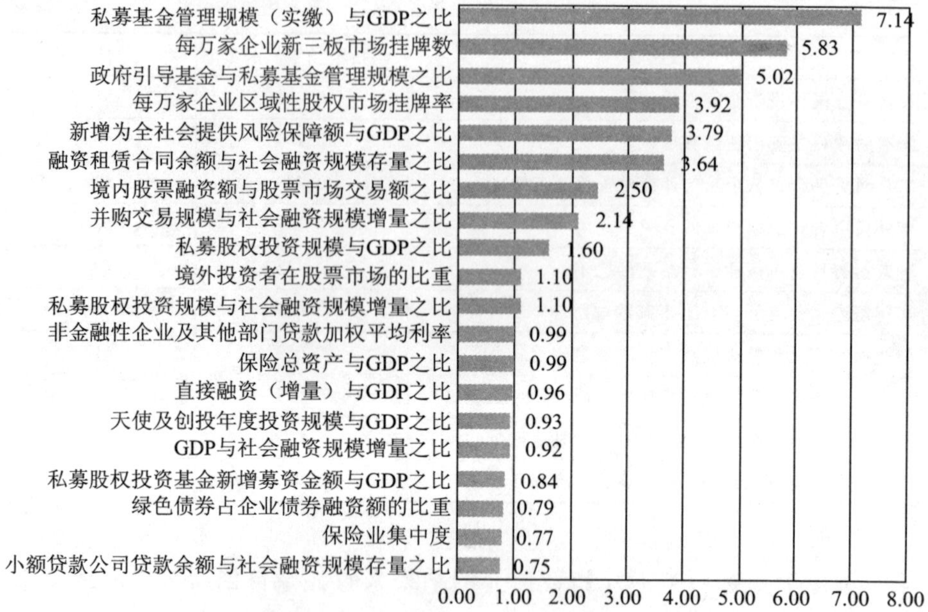

图 5.4　近五年来对中国产业金融发展指数得分贡献最大的前 20 项指标

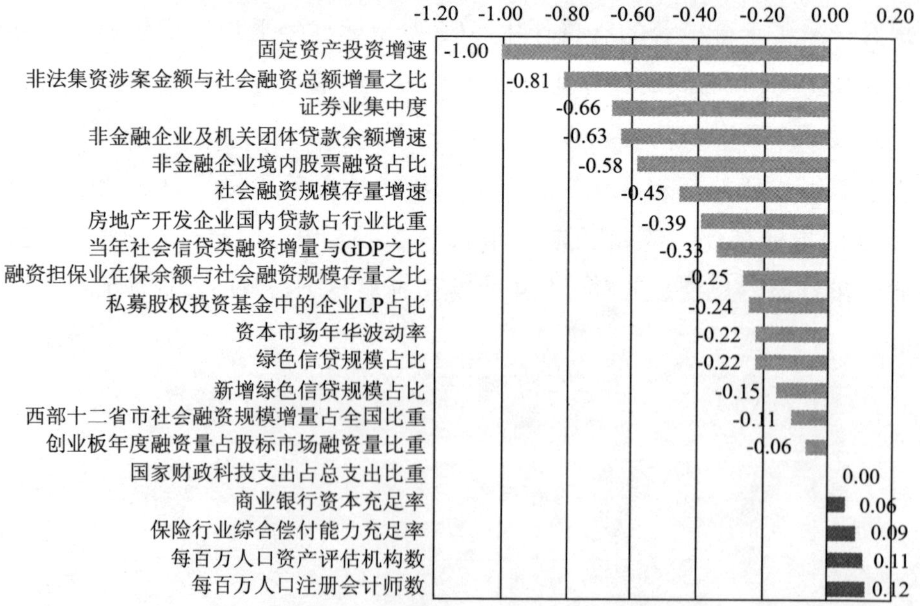

图 5.5　近五年来对中国产业金融发展指数得分贡献最小的前 20 项指标

第 6 章　中国产业金融发展特征分析

按照指数评价体系，本章就着重从中国产业金融发展的资金支持度、结构优化度、服务有效度、创新发展度和环境适应度等五个维度，具体剖析中国产业金融发展的状况。

6.1　资金支持度

6.1.1　分项评价概况

从资金支持度分项的历年评分来看，如图 6.1 所示，自 2013 年以来，我国金融对实体经济的资金支持力度保持了逐年上升的态势。2016 年中国产业金融的资金支持度分项得分为 26.40，较五年前累计提升了 32%。

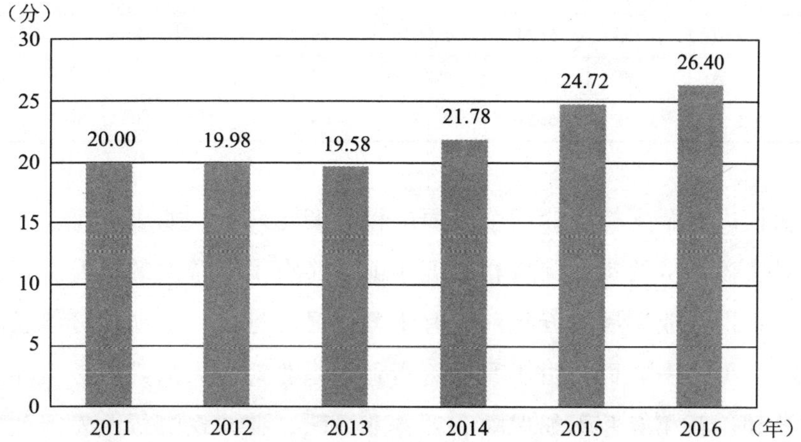

图 6.1　中国产业金融发展在资金支持度方面的分项评分

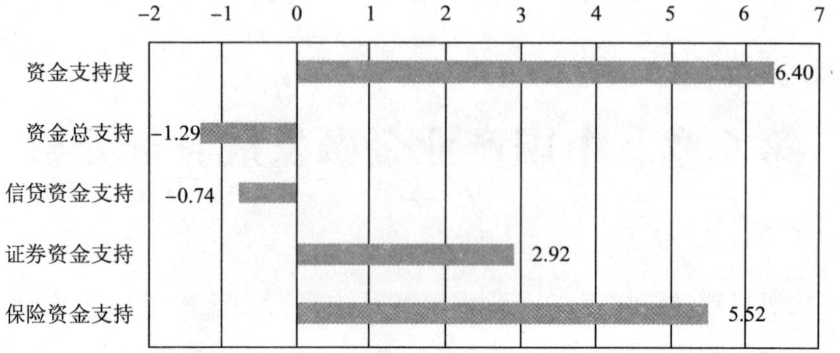

图 6.2　资金支持度各方面的五年得分变化（2016—2011 年）

从资金支持的各个方面来看，如图 6.2 所示，尽管金融对实体经济的资金支持在整体呈上升态势，但资金支持的结构和力度有较大差异。其中，保险业和证券业对实体经济的资金支持发挥了重要的作用，实现了较大幅度的正增长，而信贷资金支持和资金总支持方面反而出现了一定程度的下降。

表 6.1　资金支持度各方面的历年得分情况

指标	2011 年	2012 年	2013 年	2014 年	2015 年	2016 年	五年变化
资金支持度	20.00	19.98	19.58	21.78	24.72	26.40	6.40
资金总支持	5.00	4.95	4.83	4.40	3.78	3.71	-1.29
信贷资金支持	5.00	5.24	4.96	4.79	4.47	4.26	-0.74
证券资金支持	5.00	4.64	4.34	5.90	6.65	7.92	2.92
保险资金支持	5.00	5.15	5.45	6.69	9.82	10.52	5.52

从构成资金支持度的四个方面的得分变化来看，如表 6.1 所示，保险业对实体经济的资金支持相较五年前确实有了非常大的提升，得分翻了一番；证券业发展较五年前也有十分明显的进步，分项得分增长了将近 60%。但另一方面，由于我国银行业体系相对庞大成熟，近五年来行业规模和创新相对并不如保险和证券业活跃，在体现银行业发展的信贷资金支持方面反而较此前有所减少。而资金总支持方面，由于体现社会

经济发展速度的社会融资规模增速和固定资产投资增速指标出现了较大程度下滑，因此，导致该分项得分较五年前反而减少。

6.1.2　资金总支持

资金总支持用来衡量实体经济从全社会获取的资金支持情况，由社会融资规模（存量）与金融机构本外币存款余额之比、社会融资规模（存量）增速和固定资产投资增速三项相对指标来评判，如表 6.2 所示。

表 6.2　资金总支持项下具体指标值

三级指标	2011 年	2012 年	2013 年	2014 年	2015 年	2016 年
社会融资规模（存量）与金融机构本外币存款余额之比（%）	92.87	96.99	100.43	104.74	98.93	100.30
社会融资规模（存量）增速（%）	18.30	19.13	17.55	14.34	12.48	12.81
固定资产投资增速（%）	23.60	20.30	19.30	15.30	9.80	7.90

• 尽管社会融资规模总量在不断上升，但社会融资规模和固定资产投资的增速已经在不断放缓，这与当前我国经济发展增速放缓趋势基本是一致的。

• 五年来，社会融资规模（存量）增长了 103%，2016 年社会融资规模（存量）达到了 155.99 万亿元，全社会对实体经济的资金支持总量已经大于金融机构本外币存款余额。

• 固定资产投资增速持续减缓，自 2011 年以来已经累计下滑 15.7%，其背后一方面是我国经济增长方式正由投资驱动向消费驱动转变带来的影响，另一方面则是供给侧结构性改革和稳增长政策所带来的结构调整影响。

6.1.3　信贷资金支持

信贷资金支持用来衡量银行业金融机构对实体经济的资金支持情

况，由当年社会信贷类融资（增量）与GDP之比、非金融企业及机关团体贷款余额与GDP之比、非金融企业及机关团体贷款余额增速三项相对指标来评判，如表6.3所示。

表6.3　信贷资金支持项下具体指标值

三级指标	2011年	2012年	2013年	2014年	2015年	2016年
当年社会信贷类融资（增量）与GDP之比（%）	22.53	24.53	25.68	21.11	16.99	18.22
非金融企业及机关团体贷款余额与GDP之比（%）	88.86	92.12	92.70	95.97	99.80	100.08
非金融企业及机关团体贷款余额增速（%）	14.30	14.49	10.85	12.00	11.28	8.29

- 近三年来社会信贷类融资增幅要小于GDP增长幅度，近年来信贷类资金每年对实体经济的支持处于小幅萎缩状态。信贷类融资在2013年达到峰值15.28万亿元之后，随后呈现下滑态势，2014—2016年分别为13.60万亿元、11.71万亿元和13.56万亿元。
- 对企业贷款的支持在保持持续稳定的增长，自2011年以来，可以看到非金融企业及机关团体贷款余额指标增速高于GDP增速，两者之比五年间提升了11.22%。
- 不过，受我国经济增长放缓宏观因素的影响，近两年来非金融企业及机关团体贷款余额增速也在放缓。

6.1.4　证券资金支持

证券资金支持用来衡量证券业金融机构对实体经济的资金支持情况，由直接融资（增量）与GDP之比、商品期货市场年度成交额与GDP之比、私募股权投资规模与GDP之比三项相对指标来评判，如表6.4所示。

表 6.4　证券资金支持项下具体指标值

三级指标	2011 年	2012 年	2013 年	2014 年	2015 年	2016 年
直接融资（增量）与 GDP 之比（%）	3.69	4.64	3.42	4.37	5.37	5.70
商品期货市场年度成交额与 GDP 之比（%）	191.60	176.33	212.46	198.72	198.06	238.42
私募股权投资规模与 GDP 之比（%）	0.52	0.32	0.32	0.68	0.76	1.00

• 可以看到，最能直观反映资本市场对实体经济支持作用的直接融资指标在大幅提升，2016 年直接融资规模达到 4.24 万亿元，较五年前增长了 135%，直接融资规模与 GDP 之比较 2011 年提高了 2.01%。

• 商品期货市场尽管在 2012－2014 年间经历了较大波动，最终 2016 年迎来了市场规模大幅提升，2016 年我国商品期货市场全年成交额 177.42 万亿元，较 2011 年增长了 89.2%，商品期货市场年度成交额与 GDP 之比也较 2011 年提升了 46.82%。

• 2016 年通过私募股权投资获得的资金规模与 GDP 之比已经达到了 1%，大约是同期资本市场直接融资规模的 1/6，通过私募基金获取资金已经成为我国企业融资发展的重要途径。

• 5 年间，私募股权投资规模增长十分迅速，由 2011 年的 2562 亿元扩大到 2016 年的 7449 亿元，规模累计增长了 191%。

6.1.5　保险资金支持

保险资金支持用来衡量保险业金融机构对实体经济的资金支持情况，由保险深度、保险总资产与 GDP 之比、新增为全社会提供风险保障额与 GDP 之比三项相对指标来评判，如表 6.5 所示。

表 6.5　保险资金支持项下具体指标值

三级指标	2011 年	2012 年	2013 年	2014 年	2015 年	2016 年
保险深度（%）	2.93%	2.87%	2.89%	3.14%	3.52%	4.16%
保险总资产与 GDP 之比（%）	12.23	13.61	13.92	15.78	17.94	20.31
新增为全社会提供风险保障额与 GDP 之比（%）	277.9	281.3	319.2	456.5	876.6	880.2

- 可以看到，近年来保险业的发展十分迅速，对全社会经济发展所起到的支持作用十分显著。
- 保险深度由 2011 年的 2.93%上升到 2016 年的 4.16%，提升了 1.23%，增幅达到 42%。
- 保险业总资产规模扩大了 1.5 倍，2016 年达到了 15.12 万亿元，与 GDP 的比值也上升到了 20.3%，较五年前提升了 8.1%。
- 保险业为全社会提供的风险保障额度呈现高速增长，2016 年达到了 2373 万亿元，是当年 GDP 的 8.8 倍，较五年前的规模累计增长了 396%。

6.2　结构优化度

6.2.1　分项评价概况

从结构优化度分项的历年评分来看，如图 6.3 所示，自 2011 年以来，我国金融业支持实体经济发展的结构正在不断优化。2016 年中国产业金融的结构优化度分项得分为 24.52，较五年前累计提升了 22.6%。

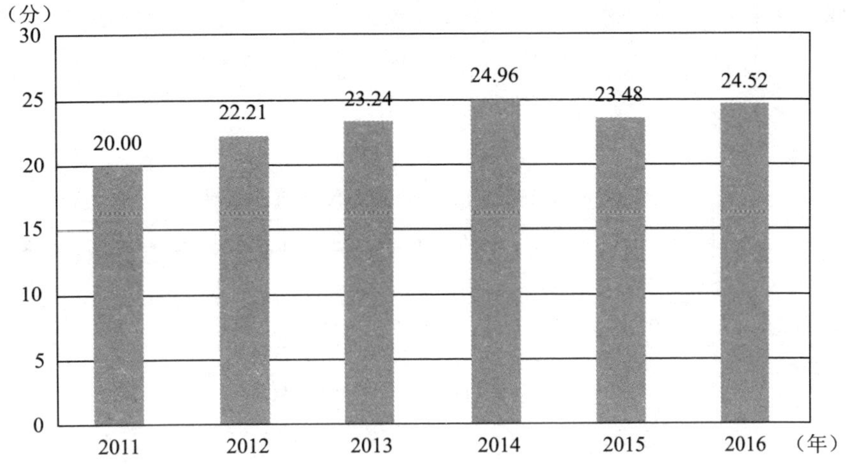

图 6.3 中国产业金融发展在结构优化度方面的分项评分

近年来，中央紧紧围绕服务实体经济这一根本宗旨，积极引导金融机构加大对小微企业贷款和涉农贷款的力度，倡导绿色金融发展，扩大境外资金投资国内市场的规模，并把大力发展直接融资放在经济金融全局来谋划和推进，加快多层次资本市场体系建设，完善市场基础性功能，有力地促进了经济转型升级、结构调整和效率提升。因此，在融资结构、普惠度、绿色度和开放度方面有持续发展。

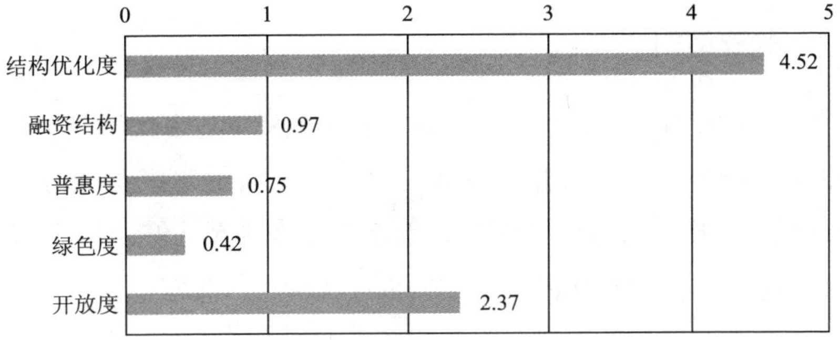

图 6.4 结构优化度各方面的五年得分变化（2016—2011 年）

从结构优化的各个方面来看，如图 6.4 所示，尽管结构优化度整体出现较大幅度提升，但其内部结构有较大差异。其中，开放度对结构优化度的提升影响最大，实现了大幅度增长，而融资结构、普惠度、绿色度的增长相对较小。

表 6.6　结构优化度各方面的历年得分情况

指标	2011 年	2012 年	2013 年	2014 年	2015 年	2016 年	变化
结构优化度	20.00	22.21	23.24	24.96	23.48	24.52	4.52
融资结构	5.00	4.28	3.53	5.09	5.95	5.97	0.97
普惠度	5.00	5.43	5.72	6.00	5.90	5.75	0.75
绿色度	5.00	6.45	5.11	6.20	4.52	5.42	0.42
开放度	5.00	6.05	8.88	7.68	7.11	7.37	2.37

从构成结构优化度的四个方面得分变化情况来看，如表 6.5 所示，开放度相较五年前确实有了非常大的提升，得分增长超过一倍。融资结构相对五年前也有一定进步，体现出直接融资在整个融资体系中的地位正在提升。普惠度增长较为缓慢，尽管小微贷款和涉农贷款占总贷款余额的比例在逐年上升，但西部省份的融资规模占全国的比重却在下降。绿色度增长最为缓慢，这主要因为绿色金融的发展是最近两年才开始起步的，目前还处于探索阶段。

6.2.2　融资结构

融资结构反映了不同类型的融资在社会融资中的占比情况，由直接融资占社会融资规模（增量）比重、私募股权投资规模与社会融资规模（增量）之比、境内股票市场非金融类企业市值占比、非金融企业境内股票融资占股票市场融资总额比重以及房地产开发企业国内贷款占非金融企业及机关团体新增贷款余额比重来评判，如表 6.7 所示。

表 6.7　融资结构项下具体指标值

三级指标	2011 年	2012 年	2013 年	2014 年	2015 年	2016 年
直接融资占社会融资规模（增量）比重（%）	14.06	15.90	11.74	17.16	24.00	23.82
私募股权投资规模与社会融资规模（增量）之比（%）	2.00	1.08	1.09	2.67	3.41	4.18
境内股票市场非金融类企业市值占比（%）	65.96	63.52	67.84	67.01	77.17	76.02
非金融企业境内股票融资占股票市场融资总额比重（%）	64.55	42.87	31.35	51.71	36.82	26.85
房地产开发企业国内贷款占非金融企业及机关团体新增贷款余额比重（%）	23.10	23.46	36.43	32.09	29.00	37.74

• 直接融资占社会融资规模（增量）的比重已由 2011 年的 14.06%增至 2016 年的 23.82%，这反映出我国近年来大力推动直接融资、建立多层次资本市场取得了重要成果。

• 私募股权投资规模与社会融资规模（增量）之比五年来由 2%上升到 4.18%，表明我国地方政府在大力推动私募股权融资方面的成果显著。

• 由于境内股票市场在 5 年内市值增长较快，尽管金融类上市公司的市值由 2011 年的 7.3 万亿元提升至 2016 年的 12.2 万亿元，境内股票市场非金融类企业市值占比仍然高于金融类企业市值占比，2016 年达到 76.02%。

• 从融资角度来看，非金融企业在境内股票市场的融资额占比出现较大幅度下降，由 2011 的 64.55%下降至 2016 年的 26.85%，这一方面反映出融资规模提升幅度较大，另一方面也反映出金融企业相比其他企业在境内股票市场融资的力度也更大。

• 尽管近年来各地加强了对房地产市场的调控，但从全国整体情况来看，房地产开发企业国内贷款占非金融企业及机关团体新增贷款余额比重仍在增加，由2011年的23.1%上升至2016年的37.74%，房地产行业对其他行业的资金吸血效应还在不断增强。

6.2.3 普惠度

普惠度反映的是金融机构对小微企业、三农及欠发达地区的金融支持力度，由小微企业贷款余额占企业贷款余额比重、涉农贷款占金融机构本外币贷款余额比重以及西部十二省社会融资规模增量占全国比重来评判，如表6.8所示。

表6.8 普惠度项下具体指标值

三级指标	2011年	2012年	2013年	2014年	2015年	2016年
小微企业贷款余额占企业贷款余额比重（%）	25.33	28.60	29.40	30.40	31.20	32.10
涉农贷款占金融机构本外币贷款余额比重（%）	20.22	21.70	23.01	24.07	23.76	23.52
西部十二省社会融资规模增量占全国比重（%）	19.49	19.95	21.89	23.67	21.12	17.39

• 小微企业的贷款余额由2011年的10.76万亿增至2016年的20.84万亿，增长了一倍，其占企业贷款余额比重也由25.33%增至32.10%，这反映出近几年我国对小微企业的贷款支持力度正在不断加大。

• 涉农贷款占金融机构本外币贷款余额比重近5年来变化不大，一直徘徊在20%~24%之间，不过从贷款余额来看，增长幅度并不小，2011年涉农贷款余额为11.77万亿元，而2016年涉农贷款余额为26.35万亿元。

• 西部十二省的社会融资规模增量占全国的比重近几年一直处于稳步提升状态，不过在2015和2016年出现一定程度的下跌，其社会融资规模增量在近两年也出现一定幅度的下降。

6.2.4　绿色度

绿色度反映了我国在推动绿色金融发展方面所开展的工作，由绿色信贷规模占金融机构本外币贷款余额比重、新增绿色信贷规模占新增贷款余额比重和绿色债券占企业债券融资额的比重来评价，如表 6.9 所示。

表 6.9　绿色度项下具体指标值

三级指标	2011 年	2012 年	2013 年	2014 年	2015 年	2016 年
绿色信贷规模占金融机构本外币贷款余额比重（%）	9.02	9.13	8.69	8.75	8.13	7.72
新增绿色信贷规模占新增贷款余额比重（%）	5.00	9.78	5.56	9.16	3.90	4.48
绿色债券占企业债券融资额的比重（%）	5.00	5.00	5.00	5.00	5.00	6.99

- 我国在绿色金融发展方面最初尝试的是推动绿色信贷的发展，2011 年全国绿色信贷规模达到 5.25 万亿元，占金融机构本外币贷款余额比重为 9.02%，经过 5 年的发展，2016 年全国绿色信贷规模达到 8.65 万亿元，但增幅低于金融机构本外币贷款余额增长、占比略有下降，达到 7.72%。
- 从新增规模来看，全国绿色信贷规模占新增贷款余额比重也由 2011 年的 5%降低至 2016 年的 4.48%。
- 我国于 2015 年开始正式发行绿色债券，当年规模仅有 30 亿元，2016 年绿色债券规模便达到 2095 亿元，占企业债券融资额的比重达到 6.99%。

6.2.5 开放度

开放度反映的是境内外贷款和投资的情况，由境外贷款占金融机构本外币贷款余额比重、当年境内企业境外IPO上市家数占比、私募基金国外投资金额占比和境外投资者在股票市场的比重（QFII/总市值）来评价，如表6.10所示。

表6.10 开放度项下具体指标值

三级指标	2011年	2012年	2013年	2014年	2015年	2016年
境外贷款占金融机构本外币贷款余额比重（%）	1.90	2.03	2.07	2.12	2.70	2.90
当年境内企业境外IPO上市家数占比（%）	27.20	31.56	100.00	52.47	39.17	34.20
私募基金国外投资金额占比（%）	6.07	6.07	6.07	24.52	22.72	22.17
境外投资者在股票市场的比重（QFII/总市值,%）	0.63	1.02	1.27	1.10	0.99	1.19

- 近几年随着金融业的开放稳步推进，境外贷款余额也由2011年的1.1万亿元增至2016年的3.25万亿元，占金融机构本外币贷款余额比重也由1.9%提升至2.9%。

- 境内企业赴境外IPO上市的步伐也在加快，尤其在2013年我国暂停IPO及2014年限制IPO上市数量的两年，境内企业纷纷赴境外IPO上市。2016年共有118家企业赴境外IPO上市，占当年IPO上市公司数量的34.2%。

- 私募基金在近5年得到极大的发展，私募基金国外投资金额占比由2011年的6.07%跃升至2016年的22.17%，金额也由2011年的118亿元升至2016年的3100亿元。

- QFII投资额也出现较大幅度增长，由2011年的1364亿元跃升至

2016 年的 6057 亿元，增长了 4.4 倍，境外投资者在股票市场的比重也由 2011 年的 0.63%上升至 2016 年的 1.19%。

6.3 服务有效度

6.3.1 分项评价概况

从服务有效度分项的历年评分来看，如图 6.5 所示，自 2011 年以来，我国金融业为实体经济提供的服务有效程度正在不断提升。2016 年中国产业金融的服务有效度分项得分为 26.14，较五年前累计提升了 30.7%。

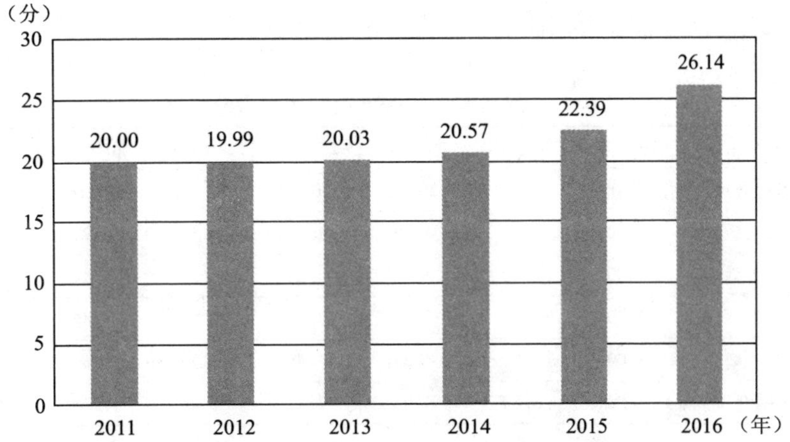

图 6.5 中国产业金融发展在服务有效度方面的分项评分

近年来，我国金融改革发展取得了新的重大成就，金融业保持快速发展，围绕支持实体经济而开展的金融机构创新、业务创新层出不穷，金融产品日益丰富，金融服务普惠性增强，金融改革有序推进，金融体系不断完善，有力地促进了经济社会的发展。从整体来看，近 5 年在社会融资效率、银行服务效率、证券服务效率、保险服务效率及产融结合率方面均有不同程度的提高。

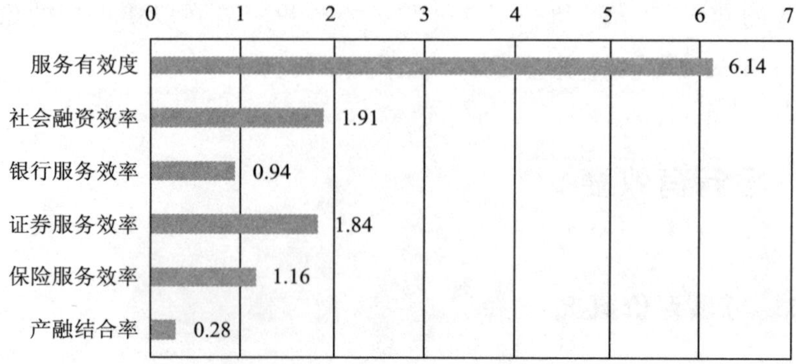

图 6.6　服务有效度各方面的五年得分变化（2016—2011 年）

从服务有效度的各个方面来看，如图 6.6 所示，社会融资服务效率对服务有效度的提升影响最大，其次是证券服务效率、保险服务效率和银行服务效率，而产融结合率的提升程度最低。

表 6.11　服务有效度各方面的历年得分情况

指标	2011 年	2012 年	2013 年	2014 年	2015 年	2016 年	变化
服务有效度	20.00	19.99	20.03	20.57	22.39	26.14	6.14
社会融资效率	4.00	3.88	4.18	4.71	6.12	5.91	1.91
银行服务效率	4.00	4.07	4.19	4.27	4.51	4.94	0.94
证券服务效率	4.00	4.21	3.48	2.98	2.63	5.84	1.84
保险服务效率	4.00	3.96	4.20	4.40	4.79	5.16	1.16
产融结合率	4.00	3.87	3.98	4.22	4.34	4.28	0.28

从构成服务有效度的五个方面的得分变化情况来看，如表 6.11 所示，社会融资效率提升了 1.91 分，分值增长接近 50%。银行服务效率相比证券服务效率和保险服务效率提升较少，这与银行业整体资产规模远高于证券行业和保险行业有关。产融结合率到 2016 年仅比 2011 年提升 0.28 分，这反映出我国产业与金融的融合程度还有待提升。

6.3.2　社会融资效率

社会融资效率反映了非金融机构的贷款成本高低以及全社会融资规模增量情况，由非金融性企业及其他部门贷款加权平均利率和 GDP 与全社会融资服务规模（增量）之比来评价，如表 6.12 所示。

表 6.12　社会融资效率项下具体指标值

三级指标	2011 年	2012 年	2013 年	2014 年	2015 年	2016 年
非金融性企业及其他部门贷款加权平均利率（%）	7.89	7.84	7.19	6.77	5.27	5.27
GDP 与全社会融资服务规模（增量）之比（%）	23.91	22.32	23.79	28.43	37.32	34.90

- 非金融性企业及其他部门贷款加权平均利率由 2011 年的 7.89% 降低至 2016 年的 5.27%，这表明非金融企业及其他部门的贷款成本在不断降低，进一步减轻了企业的融资压力。
- GDP 与全社会融资服务规模（增量）之比由 2011 年的 23.91% 提升至 2016 年的 34.9%，反映出社会融资规模增量在不断增加，融资效率在提升。

6.3.3　银行服务效率

银行服务效率指标由银行业集中度（前五资产所占比重）及商业银行净利息收益率（息差）构成，前者数值越大，表明银行业资产越集中于少数几家银行，客观上会导致银行金融服务多样性下降，而后者数值越高则表明银行越能从存贷差业务中获得利润。详细情况见表 6.13。

表 6.13 银行服务效率项下具体指标值

三级指标	2011 年	2012 年	2013 年	2014 年	2015 年	2016 年
银行业集中度（CR5，前五资产所占比重）（%）	49.32	46.93	45.38	43.43	41.30	39.28
商业银行净利息收益率（息差）（%）	2.70	2.75	2.68	2.70	2.54	2.22

• 银行业集中度由 2011 年的 49.32%下降至 2016 年的 39.28%，表明银行业资产的集中程度已经出现明显的下降。近年来，随着地方性商业银行及民营银行的不断涌现，传统大型国有商业银行的市场份额出现了一定程度下降。从某种程度上看，这有利于银行金融产品和服务的创新，市场竞争的提升也有利于降低企业的贷款成本。

• 从银行净利息收益率来看，从 2011—2016 年商业银行的息差也出现了下降，下降幅度接近 0.5%，这反映出在利率市场化进程中，银行传统的利差收益区间不断收窄。

6.3.4 证券服务效率

证券服务效率指标由境内股票融资额与股票市场交易额之比及证券业集中度（前五资产所占比重）构成，前者反映的是企业通过股票市场进行融资的情况，后者反映的是证券业资产的集中程度，数值越大表明几大证券机构的市场集中度越高。详细情况见表 6.14。

表 6.14 证券服务效率项下具体指标值

三级指标	2011 年	2012 年	2013 年	2014 年	2015 年	2016 年
境内股票融资额与股票市场交易额之比（%）	1.61	1.86	1.51	1.13	0.81	3.62
证券业集中度（CR5，前五资产所占比重）（%）	31.89	33.55	39.87	40.68	39.23	47.44

• 2011—2014 年，境内股票融资额一直处于较低水平，最高仅达

到2014年的8412亿元，因此这段时期股票市场并未充分发挥融资功能的作用。直至2015年，股票融资市场跃升至2.06万亿元，但由于当年股票交易额巨大，导致股票融资额与股票市场交易额之比仅有0.81%。2016年股票市场融资额已超过4.6万亿元，较上年增长了1倍多，境内股票融资额与股票市场交易额之比也上升至3.62%，股票市场融资已开始成为重要的融资场所。

• 与银行业相反，证券业集中度即排名前5的证券公司资产业占行业总资产比例不断上升，由2011年的31.89%上升至2016年的47.44%，行业集中度明显上升。

6.3.5　保险服务效率

保险服务效率指标由保险资金运用率和保险业集中度（前五资产所占比重）构成，前者反映的是除去银行存款后，保险资金的实际使用率，后者反映的是保险业资产的集中程度，数值越大表明保险业资产越集中于几大保险公司。详细情况见表6.15。

表6.15　保险服务效率项下具体指标值

三级指标	2011年	2012年	2013年	2014年	2015年	2016年
保险资金运用率（%）	67.94	65.79	70.55	72.88	78.22	81.45
保险业集中度（CR5，前五资产所占比重,%）	60.68	59.85	57.10	53.84	48.75	43.87

• 保险资金运用率已由2011年的67.94%提升至2016年的81.45%，这反映了十八大以后，保监会围绕保险业服务实体经济，采取了一系列的政策措施，引导和支持保险业不断拓展服务领域，创新服务方式，在社会保障、风险管理、现代金融等体系中发挥了积极作用。

• 保险业集中度正在逐年下降，前五大保险公司资产所占比重已由2011年的60.68%下降至2016年的43.87%。

6.3.6 产融结合率

产融结合率反映的是产业资本与金融资本的融合程度，由全国财务公司总资产与金融总资产之比、金融上市公司中被产业集团控股的市值占比、私募股权投资基金中的企业 LP 占比及融资担保业在保余额与社会融资规模（存量）之比构成，如表 6.16 所示。

表 6.16 产融结合率项下具体指标值

三级指标	2011 年	2012 年	2013 年	2014 年	2015 年	2016 年
全国财务公司总资产与金融总资产之比（%）	1.51	1.46	1.56	1.68	1.85	1.88
金融上市公司中被产业集团控股的市值占比（%）	17.76	18.88	20.32	25.57	27.92	27.05
私募股权投资基金中的企业 LP 占比（%）	19.5	17.2	16.4	14.9	14.6	14.8
融资担保业在保余额与社会融资规模（存量）之比（%）	2.49	2.37	2.39	2.23	1.97	1.86

- 2011—2016 年，我国财务公司数量出现了大幅增长，由 127 家增至 236 家，其资产总额也由 1.8 万亿元增至 4.8 万亿元。2016 年全国财务公司总资产占金融总资产的比重已达到 1.88%，较 2011 年提升 0.3%。

- 近几年，产业集团在控股金融上市公司中的力度也在不断加强，2011 年，金融上市公司中被产业集团控股的市值占比仅有 17.76%，到 2016 年，该比例已达到 27.05%。

- 私募股权投资基金中企业 LP 的占比正在不断下降，2016 年仅为 14.8%，较 2011 年下降接近 5%。

- 尽管融资担保业的在保余额一直在不断上升，但由于社会融资规模上升幅度更大，因此融资担保业在保余额与社会融资规模（存量）

之比总体呈现下降趋势，2011 年，融资担保业在保余额占社会融资规模的 2.49%，到 2016 年该比例已降低至 1.86%。

6.4 创新发展度

6.4.1 分项评价概况

从创新发展度分项的历年评分来看，如图 6.7 所示，自 2011 年以来，我国金融服务实体经济的创新发展水平呈现先降后升的态势，即 2011—2013 年小幅下降，2014—2016 年大幅上升。2016 年中国产业金融在创新发展度分项得分为 46.16，较五年前累计提升 130.8%。

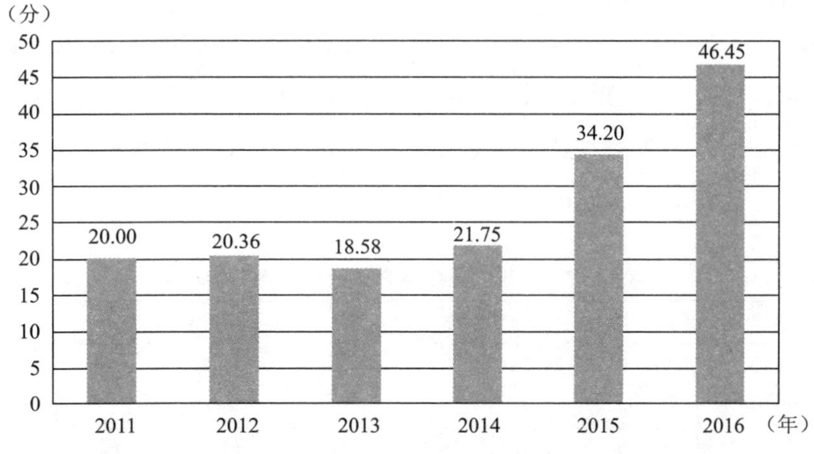

图 6.7 中国产业金融发展在创新发展度方面的分项评分

当前，我国正处于经济结构调整加速期，发展动力不足、生产方式粗放、产业层次偏低、资源环境约束趋紧等问题凸显，面临着新旧动能接续转换的关键节点。随着新一代信息技术的应用，特别是互联网技术的普及，通过具有特定内涵与特性的金融工具、金融服务、交易方式或融资技术等金融创新成果，可为实体经济提供多元化的资金支持、合理的风险分担机制、市场化的激励机制和高效配置资源的金融手段。在此推动下，金融创新正在成为经济转轨提速的新引擎，而创新发展分项得分的良好表现正是反映的这一趋势。

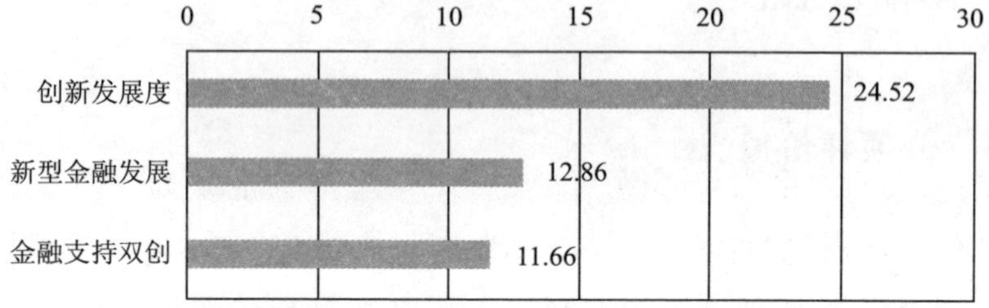

图 6.8　创新发展度各方面的五年得分变化（2016 年 vs 2011 年）

从创新发展的各个方面来看，如图 6.8 所示，我国金融业创新发展结构较为均衡。2011—2016 年，新型金融发展与金融支持双创累计增加得分分别为 12.86 与 13.60，五年间对创新发展度的贡献比接近 1∶1。由此可以看出，我国金融服务创新呈现多样化发展的特点，新的方式层出不穷，旧有的方式也在发生新的变化，这在一定程度上有助于缓解企业的融资难题，促进产融深度结合。

表 6.17　创新发展度各方面的历年得分情况

指标	2011 年	2012 年	2013 年	2014 年	2015 年	2016 年	五年变化
创新发展度	20.00	20.36	18.58	21.75	34.20	46.45	26.45
新型金融发展	10.00	11.76	12.82	10.68	16.48	22.86	12.86
金融支持双创	10.00	8.60	5.77	11.08	17.72	23.60	13.60

从构成创新发展度两个方面的得分变化来看，如表 6.17 所示，新型金融发展得分五年累计增长 12.86%，其背景是在互联网技术的推动下，新型金融业态蓬勃兴起，在丰富金融机构类型的同时，还满足了不同群体的金融需求，成为支持实体经济发展的不可或缺的力量。金融支持双创得分同期累计增长 13.60%，表明我国金融市场层次不断完善，

资本市场运作日趋活跃，为“双创”拓展了更多的直接融资渠道，有效缓解“双创”主体面临的资金压力。

6.4.2　新型金融发展

新型金融发展可用来衡量新型金融的发展状况及其对实体经济的支持力度，由 P2P 网贷平台贷款余额与社会融资总额存量之比、众筹平台融资金额与社会融资总额增量之比、私募基金管理规模（实缴）与 GDP 之比、民营银行数量占商业银行总数的比重、融资租赁合同余额与社会融资规模存量之比以及小额贷款公司贷款余额与社会融资规模存量之比六项相对指标来评判，如表 6.18 所示。

表 6.18　新型金融发展项下具体指标值

三级指标	2011 年	2012 年	2013 年	2014 年	2015 年	2016 年
P2P 网贷平台贷款余额与社会融资总额存量之比（%）	0.50	0.50	0.50	0.11	0.40	0.77
众筹平台融资金额与社会融资总额增量之比（%）	0.10	0.10	0.10	0.01	0.04	0.12
私募基金管理规模（实缴）与 GDP 之比（%）	2.32	2.32	2.32	2.32	6.03	10.60
民营银行数量占商业银行总数的比重（%）	0.50	0.50	0.50	0.14	0.42	0.64
融资租赁合同余额与社会融资规模存量之比（%）	1.21	1.69	1.95	2.60	3.21	3.42
小额贷款公司贷款余额与社会融资规模存量之比（%）	0.44	0.65	0.79	0.77	0.68	0.60

• 当前小微企业融资难、融资贵是突出问题。不少企业因为资产规模小、缺乏抵押物或其他担保方式，不符合银行信贷的准入标准，成为了新型金融行业的主要客户群体。

• 互联网金融从 2013 年开始进入爆发期，但是在市场规模扩大的同时，也引发了诸多风险事件。2015 年下半年，互联网金融专项整治拉开序幕，政策监管随之收紧，P2P 网贷和众筹行业从“野蛮发展”阶段迈向“规范发展”新阶段。截至 2016 年底，国内上线 P2P 网贷平台 2448 家，贷款余额 12052 亿元，与社会融资总额（存量）之比为 0.77%；上线过众筹平台 752 家，实际融资额 220 亿元，与社会融资总额（存量）之比为 0.12%。

• 近年来，私募行业在不断规范的同时还实现了规模的稳步增长。其中，受益于二级市场退出渠道通畅，私募股权和创业投资的规模增长速度较快，而证券类私募因受监管渠道、市场分化等因素的影响，管理规模出现缩减趋势。根据中国证券投资基金业协会备案登记数据，截止 2016 年底，私募基金管理规模（实缴）达到 78911.86 亿元，与 GDP 之比为 10.60%。

• 按照“在加强监管前提下，允许具备条件的民间资本依法发起设立中小型银行等金融机构”的改革任务，银监会从 2014 年开始开展了民营银行首批试点工作，积极稳妥推进民营银行的常态化发展。根据银监会年报，2014 年、2015 年与 2016 年民营银行数量分别为 1 家、4 家与 8 家，占商业银行总数的比重依次为 0.14%、0.42%与 0.64%。

• 融资租赁合同余额五年累计增长 473.1%，增速快于社会融资规模（存量），致使两者之间的比例逐年递增，这主要是因为金融租赁以租赁物控制风险，较之传统信贷方式更加灵活，可以最大限度方便企业融资融物、减少企业资金占用、降低企业资成本。

• 随着银行业务下沉、互联网金融冲击、业务空间压缩、行业风险释放等诸多因素，小额贷款公司发展有所停滞，市场规模最近三年徘徊在 9400 亿左右，在社会融资规模（存量）的占比逐年下滑，从 2013 年的 0.79 降至 2016 年的 0.60%。

6.4.3 金融支持双创

金融支持双创可用来衡量金融业对创新创业活动的服务效能，由每万家企业新三板市场挂牌数、每万家企业区域股权市场挂牌数、创业板年度融资量占股票市场融资量比重、私募股权投资基金新增募资金额与GDP之比、天使及创投年度投资规模与GDP之比以及并购交易规模社会融资规模增量之比六项相对指标来评判，如表6.19所示。

表6.19　金融支持双创项下具体指标值

三级指标	2011年	2012年	2013年	2014年	2015年	2016年
每万家企业新三板市场挂牌数	1.00	1.00	1.00	0.86	2.35	3.91
每万家企业区域股权市场挂牌数	10.00	10.00	4.49	13.74	20.53	29.58
创业板年度融资量占股票市场融资量比重（%）	5.00	6.33	1.11	5.94	7.61	4.85
私募股权投资基金新增募资金额与GDP之比（%）	1.00	0.40	0.42	0.79	1.14	1.84
天使及创投年度投资规模与GDP之比（%）	0.10	0.09	0.07	0.17	0.20	0.19
并购交易规模与社会融资规模增量之比（%）	5.00	2.01	3.27	4.42	6.77	10.36

• 为解决资本市场结构不完善、体系化较弱的问题，2017年政府工作报告明确提出，“建立完善多层次资本市场，加大股权融资力度，完善主板市场基础性制度，积极发展创业板、新三板，规范发展区域性股权市场”，这为开展双创活动营造了良好的投融资环境。

• 自2013年正式扩容开始，新三板挂牌企业数量实现迅猛增长，三年来增速依次为341.6%、226.3%与98.1%。2016年新三板挂牌企业总数达到10163家，每万家企业新三板市场挂牌数接近4家。

• 区域股权市场在促进中小企业融资方面起到了积极作用，加强了对实体经济薄弱环节的支持。截至2016年底，全国共有40家区域性股权市场，挂牌企业1.74万家，展示企业5.94万家，为企业实现融资

2871 亿元。

• 2016 年创业板融资额实现稳定增长，同比增速为 42.8%，但是其表现弱于主板市场，占股票市场融资总量的比重从 2015 年的 7.61% 跌至 2016 年的 4.85%，这表明政策监管正在引导创业板投资回归理性市场。

• 近年来，各类投资机构进入私募股权投资热潮，新增募资金额屡创新高，从 2012 年的 2178 亿元增长至 2016 年的 13712 亿元，年均增速高于总体经济增速，与 GDP 之比亦从 2012 年的 0.40%增长至 2016 年的 1.84%。

• 在低利率、资产荒的大环境下，我国天使及创业投资市场发展仍比较活跃。2016 年天使及创业投资投资规模为 1453 亿元，但是增速仅为 2.9%，较 2015 年的 30.3%大幅回落，与 GDP 之比也从 2015 年的 0.20%跌至 0.19%。

• 2016 年国企改革重组、海外资产收购、产业转型升级、巨头合并等热点频现，推动并购交易规模保持较快增长。2016 年并购市场共完成交易 3105 起，涉及交易金额 18436 亿元，占社会融资规模增量的比重超过一成。此外，2016 年并购交易市场与以往不同的是“去杠杆、防风险”的政策环境，行政监管对于恶意收购、“花式”借壳现象等都起到了一定的抑制作用。

6.5 环境适应度

6.5.1 分项评价概况

从环境适应度分项的历年评分来看，如图 6.9 所示，自 2011 年以来，除了 2015 年获得大幅改善之外，我国产业金融发展的外部环境基本保持稳定。2016 年中国产业金融在环境适应度分项得分为 26.26，较五年前累计增长31.3%。

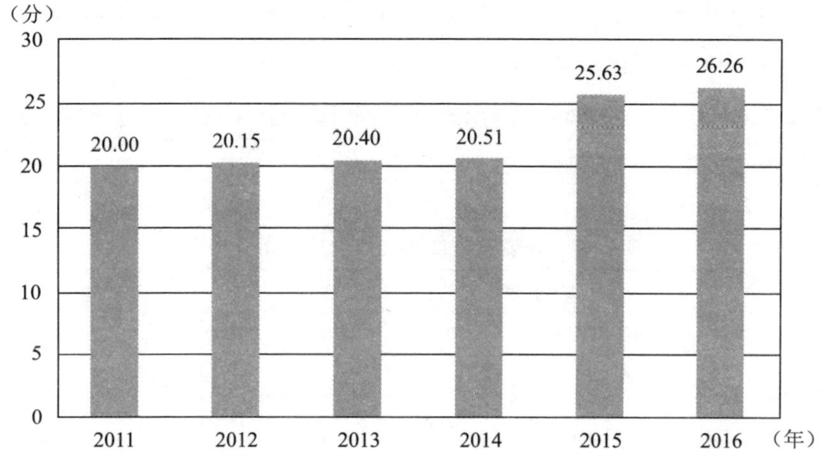

图6.9 中国产业金融发展在环境适应度方面的分项评分

金融是现代经济的血脉，金融与实体经济密切相关、互促共生。然而，我国金融业的发展也面临不少问题，许多体制性、机制性弊端亟待化解，潜藏系统性风险隐患。为防范金融体系风险、提高金融服务效率，围绕实体经济推进金融改革成为了最近几年全面深化改革的重要环节。目前，改革的主要方向是坚持市场化和法治化，通过推动形成差异化的金融机构体系、完善金融监管体系、健全金融产品市场化定价机制等政策手段，来为实体经济的发展营造良好的金融环境。

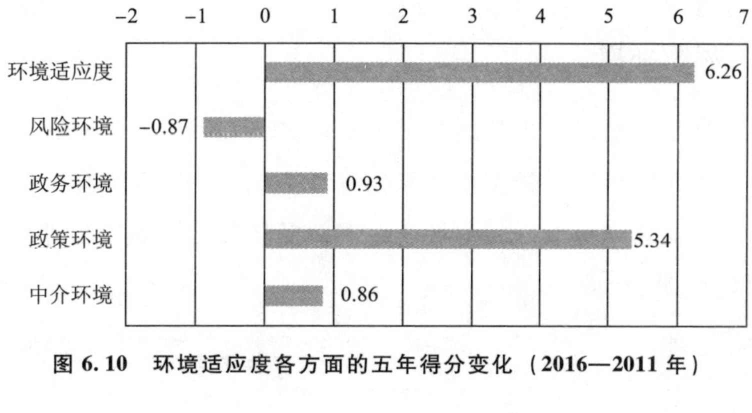

图6.10 环境适应度各方面的五年得分变化（2016—2011年）

从环境适应度的各个方面来看，如图 6.10 所示，尽管我国产业金融发展的外部环境总体向好，但是各分项环境指标的表现差异较大。其中，政务环境、政策环境和中介环境都实现正增长，特别是政策环境的增值幅度最大，而风险环境却出现了一定程度的下降，拖累环境适应度的整体表现。

表 6.20 环境适应度各方面的历年得分情况

指标	2011 年	2012 年	2013 年	2014 年	2015 年	2016 年	五年变化
环境适应度	20.00	20.15	20.40	20.51	25.63	26.26	6.26
风险环境	5.00	5.06	4.81	4.33	3.80	4.13	-0.87
政务环境	5.00	4.92	5.33	5.43	5.60	5.93	0.93
政策环境	5.00	5.00	4.94	5.23	10.42	10.34	5.34
中介环境	5.00	5.18	5.32	5.52	5.82	5.86	0.86

从构成环境适应度四个方面的得分变化来看，如表 6.20 所示，风险环境分项得分上下浮动，五年间累计下降 0.87，既符合金融业发展的波动性规律，也反映出当前金融风险呈上升趋势的状况。政务环境分项得分逐年稳步提升，这要归功于腐败控制水平、营商便利度与法治水平的持续改善。政策环境分项得分累计增加 5.34，在各分项环境指标中表现最为突出，其主要推动力是政府引导基金规模逐年扩大。中介环境分项得分缓慢上升，这与相关机构和从业人员的年度增量有关。

6.5.2 风险环境

风险环境是从潜在风险的角度来衡量产业金融的外部发展环境，由商业银行资本充足率、资本市场年化波动率、保险行业综合偿付能力充足率以及非法集资涉案金额与社会融资总额增量之比四项相对指标来评判，如表 6.21 所示。

表6.21　风险环境项下具体指标值

三级指标	2011年	2012年	2013年	2014年	2015年	2016年
商业银行资本充足率（%）	12.70	13.25	12.19	13.18	13.45	13.28
资本市场年化波动率（%）	39.84	39.64	41.42	40.25	69.97	48.21
保险行业综合偿付能力充足率（%）	230	230	230	230	264	247
非法集资涉案金额与社会融资总额增量之比（%）	0.50	0.50	0.54	1.14	1.91	1.41

• 五年来，商业银行资本充足率稳定在13%左右，高于银监会《商业银行资本管理办法（试行）》关于商业银行、核心一级资本充足率不得低于5%、一级资本充足率不得低于6%、资本充足率不得低于8%的最低要求。

• 资本市场年化波动率是对全体上市公司的资产收益率不确定性的衡量，用于反映金融资产的风险水平。2016年资本市场年化波动率为48.21%，较2015年的69.97%有所下降，但是仍然高于过去几年的平均水平。

• 以风险为导向的偿付能力体系于2015年试运行，于2016年正式实施，要求保险公司应当具有与其业务规模相适应的资本，确保偿付能力充足率不低于100%。2014年、2015年与2016年保险行业综合偿付能力充足率分别为230%、264%与247%，远高于偿付能力达标线，这说明了当前保险行业偿付能力状况总体良好。

• 2016年非法集资案件高发势头有所遏制，非法集资涉案金额近年来首次出现下降，其与社会融资总额增量之比从2015年1.91%的峰值回落至1.41%，守住了不发生系统性风险的底线。目前，民间投融资中介机构、P2P网络借贷、农民合作社、房地产、私募基金等依然是非法集资的重灾区，民办教育、地方交易场所、相互保险等领域涉嫌非法集资的问题开始显现。

6.5.3 政务环境

政务环境是从政务效率的角度来衡量产业金融的外部发展环境，由腐败控制指数、营商环境指数以及法制指数三项相对指标来评判，如表 6.22 所示。

表 6.22 政务环境项下具体指标值

三级指标	2011 年	2012 年	2013 年	2014 年	2015 年	2016 年
腐败控制水平	37.91	40.28	44.55	45.67	48.56	49.04
营商便利度	59.45	58.58	61.13	63.14	62.86	64.28
法治水平	39.44	35.68	38.97	38.94	39.9	46.15

• 腐败控制水平逐年上升，百分等级从 2011 年的 37.91 上升到 2016 年的 49.04，表明我国反腐工作取得了持续性进展。然而，由于低于 50.00 的国际中位线水平，该分项指标仍然存在较大的改善空间。

• 营商便利度进步很快，总体前沿距离从 2011 年的 59.45 快速上升到 2016 年的 64.28。但是在全球 190 个国家和地区中，我国营商便利度目前仅排名第 78 位，处于中游偏上水平，与第二大经济体地位不匹配。根据世行 2017 年报告，我国亟需解决施工许可办理难度大、税费庞杂、开办企业流程需精简、中小投资者保护不足、电力获得困难、开展跨境贸易障碍多等突出问题。

• 法治水平提升速度较快，百分等级从 2011 年的 37.91 跃升至 2016 年的 46.15。纵向来看，我国在执法力度与效率、财产权保护、阻止犯罪和暴力行为发生等方面取得了较大进步；横向来看，我国法治水平依旧落后于多数发达国家，需要继续加强法治建设，以提升整体法制观念。

6.5.4 政策环境

政策环境是从政策支持的角度来衡量产业金融的外部发展环境，由政府引导基金（实际到位）与私募基金管理规模（实缴）之比、财政科技支出占总支出比重以及政府效率指数三项相对指标来评判，如表 6.23 所示。

表 6.23　政策环境项下具体指标值

三级指标	2011 年	2012 年	2013 年	2014 年	2015 年	2016 年
政府引导基金与私募基金管理规模之比（%）	8.65	8.65	8.65	8.65	30.81	30.36
国家财政科技支出占总支出比重（%）	3.50	3.54	3.63	3.50	3.33	3.50
政府效率	58.29	57.82	55.45	64.9	68.27	67.79

• 鉴于我国经济进入“新常态”，从中央到地方各级政府都将引导基金视为推动“双创”、促转升级的有利工具。在政策红利的驱动下，政府引导基金进入井喷期。据清科研究中心统计，截至 2016 年底，国内共成立 1013 支政府引导基金，实际管理规模达到 23961 亿元，与私募基金管理规模之比为 30.36%。

• 随着我国对科技重视程度的提高，国家财政对科技的投入在逐年递增，财政科技支出由 2011 年的 3828 亿元增加到 2016 年的 6564 亿元。但是，财政科技支出的相对量增长却显不足，占国家财政总支出的比重始终维持在 3.50%左右。

• 2011—2015 年，我国政府效率的百分等级持续上升，在 2016 年略有下滑，但是仍然保持接近 70 的高位，这说明我国政府在公共服务效率、公务员素质、政治制定与实施质量、政府信誉度等方面具有显著优势。

6.5.5　中介环境

中介环境是从中介机构的角度来衡量产业金融的发展环境，由每百万人口注册会计师数、每百万人口执业律师数、每百万人口资产评估机构数三项相对指标来评判，如表 6.24 所示。

表 6.24 中介环境项下具体指标值

三级指标	2011 年	2012 年	2013 年	2014 年	2015 年	2016 年
每百万人口注册会计师数	69.77	70.53	70.07	70.42	73.75	74.55
每百万人口执业律师数	159.55	171.62	182.71	198.46	216.19	216.97
每百万人口资产评估机构数	2.23	2.26	2.32	2.34	2.37	2.39

- 截至 2016 年底，中国注册会计协会会员达到 225068 人。其中，注册会计师 103081 人，非执业会员 121987 人。全国共有会计师事务所 8460 家。其中，总所 7414 家，分所 1046 家。

- 近年来，我国律师行业发展势头迅猛，执业律师人数以每年两万左右的速度增长，2016 年底已突破 30 万人，每百万人口执业律师数也从 2011 年的 159.55 升至 2016 年的 216.97。

- 2016 年 7 月，《中华人民共和国资产评估法》正式颁布，资产评估行业的法律地位和法治框架基本奠定。截至 2016 年底，全国共有资产评估机构 3300 多家，资产评估师 34000 多人，从业人员 10 万多人，行业综合实力在不断增强。

第 7 章　总结与启示

根据以上 CIFDI 的多维度评价结果和具体指标的分析可以发现，中国产业金融发展已经取得了显著的成绩，但仍面临着一些问题和挑战。

7.1　发展成绩

1. 金融体系对实体经济的资金支持水平达到历史新高

2016 年社会融资规模增量达到 17.8 万亿元，在扭转了 2013 年以来逐年下滑的趋势之后，达到单一年度的历史最高水平；社会融资规模存量累计达到 155.99 万亿元，五年累计增长了 103%，其中近三年贡献了 2/3 左右的增量。

2. 银行业金融机构对企业的支持力度在不断提升

2016 年，非金融企业及机关团体贷款余额达到了 74.47 万亿元，其与 GDP 的比值由 2011 年的 88.7%提升到 2016 年的 100.1%，近三年提升了 7.4%。

3. 资本市场对实体经济的服务支持力度主要在近三年得到体现

直接融资规模由 2011 年的 1.80 万亿元扩大到 2016 年的 4.24 万亿元，五年累计增长了 136%，近三年则累计增长了 108%，高于社会融资规模的整体增速，直接融资规模占社会融资规模的比重提升至 24%左右；商品期货市场年度成交额也创下历史最高水平，2016 年达到 177.4 万亿元，较 2011 年累计增长了 89%。

4. 保险业呈现高速发展态势，对实体经济的风险保障功能得到极大增强

截至 2016 年底，我国的保险深度达到了 4.16%，较 2011 年提升了

1.23%；保险资金运用总额达到了13.4万亿元，其中81.45%的资金用于债券、股票、产业投资等；保险为全社会提供的风险保障的规模达到了2373万亿元，较2011年放大了近5倍。

5. 普惠金融已经深入金融机构发展理念

自2011年以来，银行业金融机构对小微企业的贷款余额占企业贷款余额比重达到了32.1%，较五年前提升了6.8%；对“三农”的支持力度也在不断增强，涉农贷款占金融机构本外币贷款余额比重由2011年的20.22%继续上升至2016年的23.52%。

6. 绿色债券未来发展前景可期

尽管绿色金融的相关产品和服务内涵主要还停留在绿色贷款和绿色债券方面，但其发展已经初具规模。值得一提的是绿色债券，自我国2015年首次提出以来，短短一年间，其发行规模几乎由零增长到362亿美元，约占全球发行规模的39%。2016年，国内绿色债券全年实行融资达到近2100亿元，占全年债券融资额的比重则为6.99%。

7. 开放发展成为中国产业金融提升发展水平的重要保障

伴随着“一带一路”倡议的推进实施，国内金融机构“走出去”和境外金融机构“走进来”的步伐均明显加快。五年来，国内金融机构支持国内企业开展境外发展的境外贷款余额由2011年的1.10万亿元增长到2016年的3.25万亿元，占金融机构本外币贷款余额的比重由最初的1.9%提升到目前的2.9%；国内私募基金在境外的投资规模占其总投资规模的比重由2013年的6.07%上升到最新的22.17%；境外合格机构投资者（QFII）在境内股票市场的投资额占比也由0.63%提升到1.19%。

8. 私募基金“规范化”成为中国产业金融发展的重要支撑力量

自2014年实施私募基金登记备案制以后，国内私募基金的发展开始走向规范化，私募基金随后迎来了重大的发展机遇。截至2016年底，在中国证券投资基金业协会实行备案登记的私募基金注册管理规模

（实缴）达到了 7.89 万亿元，较 2014 年 1.49 万亿元的规模累计增长了 428%；私募股权投资规模达到了 7449 亿元，较 2011 年累计增长了 191%；私募投资基金年度募资金额达到了 1.37 万亿元，是 2011 年的 3 倍。

9. 区域性股权交易市场成为企业实现对接资本市场的重要途径

截至 2016 年底，全国共有 40 家区域性股权交易市场（除云南省外其他各省市均已设立），合计共有挂牌展示企业 7.68 万家，全年为企业实现融资 2564 亿元。相较 2013 年，区域性股权交易市场企业挂牌展示数量几乎扩大了 10 倍，融资规模则扩大了 9 倍。

10. 社会融资效率明显提升，企业社会融资成本不断下降

五年来，企业的平均社会融资成本呈现不断下降的趋势，非金融企业及其他部门贷款加权平均利率已经由 2011 年的 7.89%下降至 2016 年的 5.27%，累计下降了 2.62%。与此同时，社会融资规模与 GDP 的比值由 23.9%提升至 34.9%，五年累计提升了 11%，这说明单位社会融资所带来的社会产出在不断增加，社会融资服务效率在不断提升。

11. 产业与金融结合的水平在不断提升

一方面，产业集团自设金融机构实现了产融结合发展。截至 2016 年底，全国企业集团设立的财务公司数量达到了 236 家，当年中国企业 500 强中拥有财务公司的比例达到了 33.4%；财务公司资产总规模达到 4.76 万亿元，占全国金融总资产的比重由 2011 年的 1.51%提升到 1.88%。另一方面，产业集团利用金融控股方式寻求引入金融资源。截至 2016 年底，在 A 股市场 76 家金融上市公司中，41 家公司的第一大股东为产业集团，产业集团控股的金融类上市公司市值占全部金融上市公司市值的比例已经由 2011 年的 17.76%提升至 27.05%。

12. 产业金融发展所需的政务环境得到较大改善

自党的十八大以来，中央高度重视防腐工作，坚持“老虎”“苍蝇”一起打，在腐败控制和法治建设等方面做出了巨大贡献。根据世界银行发布的评估显示，我国的腐败控制和法治水平分别由 2011 年的 37.91 和 39.44 分上升到 2016 年的 49.04 和 46.15，提升幅度分别达到了 29.4%和 17.0%。

7.2 面临问题

1. 固定资产投资增速不断下滑带来长期考验

自 2011 年以来，固定资产投资增速已经由 23.6%持续下滑至 2016 年的 7.9%，为历年来新低。其中，民间固定资产投资增速下滑幅度更大。一方面，这是当前去产能、调结构的阶段结果，是经济转型过程中的必然过程；另一方面，则反映出社会融资成本依旧过高的问题，社会投资尤其是民间投资所面临的融资难、融资贵问题依旧突出。两者所导致的结果就是在相当长的一段时间内，企业投资信心会受影响，我国经济增长的内生动力可能会不足，经济增长会保持相对低迷状态。

2. 房地产业巨大的资金“吸血效应”对其他实体产业发展带来考验

长期以来，我国房地产业庞大的资金需求规模极大地占用了金融资源。伴随着近年来房地产调控政策的不断加码，房地产业资金紧张的局面仍在加剧，这对其他行业的社会资金挤占效应愈发明显。自 2011 年以来，房地产开发企业全年国内贷款占当年非金融企业及机关团体新增贷款的比重由 23.1%上升至 2016 年的 37.74%。这就是说，目前银行类金融机构支持实体经济的全部资金中，有超过三分之一流向了房地产行业，这愈发挤占了其他实体产业的融资资源。

3. 非法集资所带来的金融风险防范形势十分严峻

自 2013 年以来，全国非法集资涉案金额出现爆发式增长。2016 年全年非法集资涉案金额达到 2511 亿元，这与当年社会融资规模增量的比值达到了 1.41%，而 2015 年更是达到了 1.91%。也就是说，当下支持实体经济发展的社会资金里，在每 50 块钱是正规的融资之外，就有

1 块钱是进入非法集资渠道的。这一方面反映出民间资本庞大的资金资源与实体企业急迫的融资需求错配的现实矛盾，另一方面实际也折射出我国金融体系运行所存在的不足和风险。

4. 证券行业集中度不断上升引致的市场竞争效率下降隐忧

近年来，在银行业和保险业行业集中度呈不断下降的态势的背景下，我国证券业行业集中度却在不断上升。2016 年，证券业行业规模排名前五的证券公司所占资产的比重达到了 47.44%，较 2011 年上升了 15.55%。证券行业集中度不断上升，其核心原因在于行业监管部门对行业准入门槛的高度限制，近年来几乎没有新增的证券公司。随着业内大型券商之间不断开展横向并购和强强联合，未来证券行业内的垄断特征可能将加剧，市场竞争将减少，行业效率可能会降低。

5. 股票市场对实体经济所发挥的直接融资支持作用在下降

2016 年，非金融企业境内股票融资额为 12415 亿元，占全年股票市场总融资额的比重仅为 26.85%，而 2011 年该项比重为 64.55%。可以说，近年来，随着国内股票市场上市发行的不断提速，真正通过股票市场实现直接融资的非金融企业并不是多数，实体企业通过股票市场获取的直接融资规模并不与市场的发展速度相匹配。

6. 直接融资发展水平离金融发达国家尚有较大差距

尽管五年来直接融资规模呈不断增长态势，但直接融资在整个社会融资规模中所占的比重还不够高。2016 年，我国直接融资占社会融资规模增量比重仅为 23.82%，是 G20 国家中最低的，较金融发达国家的 80%的水平还有十分大的差距。

7. 绿色信贷发展水平并不如想象中理想

尽管我国绿色信贷规模自 2011 年以来一直保持稳步增长，但其增长速度实际低于整个社会信贷规模增速。2016 年，绿色信贷规模占金融机构本外币贷款余额的比重为 7.72%，较 2011 年累计下降了 1.3%；全年新增绿色信贷规模占新增贷款的比重也仅为 4.48%，同期 2012 年最高水平为9.78%。

8. 融资担保行业发展陷入低迷状态

2014年，李克强总理曾作出批示，指出“发展融资担保是破解小微企业和‘三农’融资难融资贵问题的重要手段和关键环节，对于稳增长、调结构、惠民生具有十分重要的作用”。然而，融资担保行业自2013年底开始集体陷入资金链断裂、挤兑风波、对付危机问题以来，行业清理整顿和审慎发展所带来的影响深远，使得行业发展速度十分缓慢，这与庞大的市场发展需求十分不匹配。2016年，融资担保业在保余额2.9万亿元，与社会融资规模存量之比仅为1.86%，较2011年反而下降了0.63%。

9. 新兴金融业态规模和发展水平尚无法有效满足实体经济发展需求

2016年，P2P网贷平台贷款余额与社会融资总额存量之比、众筹平台融资金额与社会融资总额增量之比、民营银行数量占商业银行总数的比重、小额贷款公司贷款余额与社会融资规模存量之比四项指标均不足1%，这反映出当前P2P网贷、众筹、小额贷款公司、民营银行等新兴金融业态的发展水平还远远不足。

7.3 策略建议

围绕中国产业金融发展的现状和特征，借鉴国外产业金融发达国家的成功经验，建议未来中国产业金融发展需把握以下几点。

1. 引导银行类金融机构加大服务实体经济创新力度

鼓励银行设立绿色金融、普惠金融、科技金融专营机构、事业部或支行等，提升银行服务绿色经济、科技创新的水平。进一步扩大“投贷联动”试点范围，探索股债结合的创新型融资方式。鼓励引导银行类金融机构拓宽抵押品范围，创新开展知识产权质押、股权质押、应收账款质押、仓单质押以及未来收益权质押贷款。

2. 引导证券类金融机构创新直接融资服务

鼓励企业发行短期融资券、中期票据、企业债、公司债、双创债、创投债及中小企业私募债和集合债等债券融资，扩大债券融资的规模。创新资产证券化业务，探索推动 PPP 项目资产证券化、知识产权证券化、应收账款证券化、房地产资产证券化、保单质押贷款资产证券化、银行不良资产证券化等，大力提升资产证券化率。

3. 大力提升保险业支持实体经济发展力度

引导保险类金融机构探索发展科技保险、物流保险、农业保险、信用保证保险、责任保险、消费保险等创新型产业保险业务，重点开发面向中小微企业的信用保险、贷款保证保险、应收账款保险等业务服务，以增强对实体经济的综合风险保障和综合融资能力。拓宽保险资金支持实体经济的渠道，引导保险资金投向基础设施建设和产业发展中。

4. 大力发展以金融科技为代表的新兴金融

抓住全球金融科技快速崛起的战略机遇，夯实和扩大中国已经取得的领先优势，推动金融行业代际跃迁，重塑国际金融业的发展格局。引导国内金融机构运用金融科技创新金融行业信用和风险经营模式，加快培育金融科技企业，抢占未来金融业发展的制高点和主动权，实现“换道超车”。

5. 大力推动融资担保业健康发展

加大政策扶持力度，大力发展政府支持的融资担保和再担保机构，完善银担合作机制，扩大小微企业和“三农”担保业务规模，有效降低融资成本。继续加大对非融资性担保公司、投资公司的清理整顿工作，对混乱的担保市场进行梳理，为行业发展创造较为健康的环境。

6. 大力促进私募基金发展

发挥政府引导基金、市场化母基金的引导和放大作用，引导社会资本加大对种子期、初创期企业的投资支持力度。探索建立私募股权二级交易市场，拓宽私募股权基金资金募集和退出渠道，提高私募股权基金流动性。

7. 大力推进“四板”市场建设

在现有发展的基础上，进一步提升全国现有各区域性股权交易市场的功能地位，加大政策支持力度，优化交易机制，创新交易产品，扩大市场规模，更加便利中小微企业融资。优化股权挂牌交易机制，完善风险分担补偿机制，大力推进中小企业私募债、信托计划、理财产品等业务创新，建立与全国性资本市场的业务合作机制。创造良好的制度环境，研究完善区域性股权交易市场投资者税收和外资准入等制度。

8. 加强金融规范发展和风险防范

加强对非法集资的打击和处置力度，规范和引导民间投融资健康发展，拓宽民间投融资渠道。加强监管科技运用，提升风险防范水平，利用区块链、云计算等技术手段，动态监测、及时预警。主动适应新兴金融的发展特征，探索推行“沙盒监管”模式，建立与传统金融相辅相成的金融监管模式。

9. 鼓励支持大型企业推进产融结合

支持有条件的产业集团通过参股、兼并、收购等多种方式，拓展金融业务板块，实现向产业金融控股集团转型，深化产融结合、投融结合。放宽财务公司金融牌照的申请条件，鼓励支持有条件的企业集团发起设立财务公司，加深产融结合。

10. 继续扩大金融对外开放

以“一带一路”建设为契机，推动国际金融机构“引进来”和国内金融机构“走出去”发展。支持鼓励各类外资、合资证券投资基金、股权投资基金、创业投资基金进入中国发展，支持金融机构通过自主申设、战略并购、投资入股等方式在“一带一路”沿线国家设立更多机构网点。

下篇

实践篇

第8章　全球产业金融发展实践

从经济发展规律来看，全球主要发达国家的经济可持续发展离不开产业结构的优化升级，而金融资本是推动产业结构升级的重要支撑条件。金融与实体经济的交互式发展形成了产业发展所必备的金融市场、机构、产品、业务体系和格局，学习和借鉴发达国家金融与产业融合发展的经验，对于促进中国产业金融发展具有重要意义。

8.1　美国产业金融发展实践

美国作为市场经济体制较为完善的发达国家，其产业金融的发展模式充分发挥了市场的支配力量，并通过产业资本和金融资本的不断融合演变，目前已成为产融结合发展最为先进的国家之一。美国的产业金融发展实践主要围绕以下几方面展开。

8.1.1　从“由产而融”到“由融而产”，产融协同经营

美国产业金融的发展可以追溯至19世纪下半叶，尽管当时没有“产业金融”这一概念，但美国的金融资本与产业资本已开始出现相互转化和融合的趋势，并出现了一批产融型企业集团。20世纪50年代，美国企业兼并浪潮兴起，企业产融结合得到进一步发展。

1. 金融资本向产业资本转化

这种模式的特征是金融资本通过向产业资本转化，实现了对产业资本的控制，形成以融资为主的产融型企业财团，其典型代表为摩根财

团。摩根财团最初由摩根公司于1872年与第一国民银行协同经营，并共同控制了另外三家银行和最大的三家人寿保险公司，由此涉入金融领域。1897年，摩根公司通过包销政府债券、兼并其他商业银行和非银行金融机构，大大增强了其金融实力。在其金融业务发展的同时，也开始着手投资工业。1892年投资创办了通用电气公司，1898年组建了联邦钢铁公司，1910年，控制了美国六大铁路公司中的四个。①

第一花旗银行财团的前身是1912年创立的纽约花旗银行，是华尔街最早的银行之一，由最初为标准石油系统（美孚石油系统）进行资金调度而得到迅速发展。30年代受经济危机的影响，其业务一蹶不振。但其在50年代发生的企业兼并浪潮中，又重新活跃起来，1955年与纽约第一国民银行合并，更名为纽约第一花旗银行，1962年改用现名。第一花旗银行财团以第一花旗银行为核心，依靠巨额资金，向军火工业（如火箭、导弹以及飞机等）和民用工业（如电子、化工、石油以及有色冶金等）扩张势力，并控制了一大批著名的大企业和大公司。

2. 产业资本向金融资本转化

这种模式的特征是实业资本选择性地把部分资本转移到金融业，形成能发挥产融优势、服务于实业的强大金融核心，其典型代表是通用电气公司（GE）。经过近140年的发展，GE已经成为一家多元化经营的跨国企业集团，其业务包括飞机引擎、国防工业、金融服务、医疗系统等，形成了由七大类业务的工业事业集团和金融事业集团组成的庞大帝国。尽管GE于2015年宣布剥离旗下90%的金融资产、回归制造业，但GE在产业资本和金融资本融合方面所做的创新实践，仍具有重要参考价值。

① 李翀，曲艺．国际产融结合模式比较分析及借鉴［J］．亚太经济，2012.03.

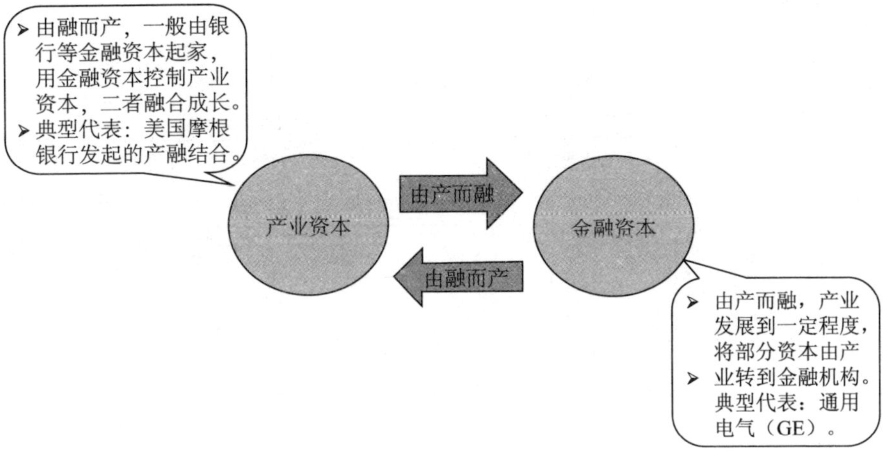

图 8.1　美国产业资本与金融资本融合发展关系

专栏 8.1：美国通用电气公司（GE）发展案例

GE 产融结合初期主要为零星的商业信贷，自 1905 年开始，GE 金融业务开始涉足消费信贷、设备租赁、商业地产、工业贷款等领域，并逐步发展成为可承办除个人存款业务之外的所有其他金融业务的非银行金融机构。GE 金融业务最初的目的是为推动集团产品的销售而服务，之后随着金融服务广度和深度的不断加强，其服务对象也从集团内部扩展至集团外部，成为独立运作的 GE 金融资本公司（GE Capital Corporation，下文简称 GECC）。在韦尔奇任董事长期间（1981—2001 年），金融业务甚至被视为 GE 的主营业务，通过 GECC 进行并购是 GE 国际化经营的重要手段。①

① 张娟．产融结合——基于美国 GE 金融资产剥离的案例分析［J］．公共财政研究，2016.01.

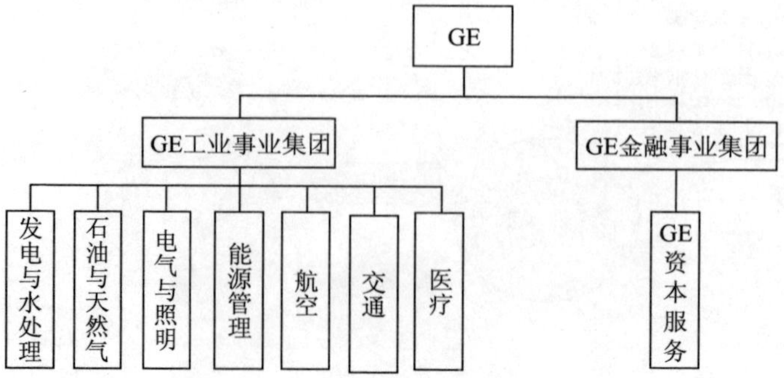

GE 组织结构图

GECC 在满足 GE 金融需求的同时，实现了自身的市场化生存与发展，开创了 GE 集内部服务和外部发展于一体的成功模式。2011—2015 年间 GECC 在 GE 中的营收和利润占比在 GE 营收和利润中占有重要地位，2010—2014 年间的营收和利润占比在 30% 左右（2015 年 GECC 拆分，已无相关数据）。

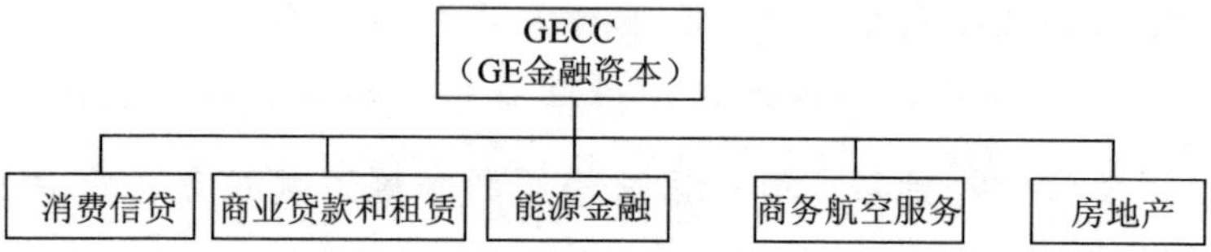

GECC 业务布局图

GECC 主要为 GE 的产业链上下游客户提供多元化的金融产品和服务，实现了金融与实业的协同经营。在 GECC 与 GE 协同经营中，GE 的整体发展得到快速提升。首先，GE 通过 GECC 获得收入和利润，GECC 通过 GE 获得 AAA 评级，GECC 享受 GE 高信用评级从而降低融资成本；GECC 为 GE 提供现金流，保证 GE 的大规模收购，实现增长和回报。GECC 的产品和服务主要包括：消费金融、商业贷款和租赁、房地产、能源金融服务、商务航空服务五大板块，其中业务利润占比较大的是消费金融、商业贷款和租赁，两块业务五年来平均占比超过七成，2010 年和 2011 年房地产业务亏损，这对 GECC 产生了很大影响。能源金融业务和航空金融业务收入稳定增长，但占比呈下降趋势，主要是由于 2011 年商业贷款和租赁增长速度较快。

通过产业与金融财务协同发展，GE 一方面以金融服务渗透到生产和销售各个环节，并通过对资金集中管理从而节省大量的财务费用；另一方面通过售后、租赁、消费信贷等服务，获取到更多产品以外的利润。这种通过实业链延伸来发展金融反哺实业的财务协同能力，成为了 GE 产融结合的巨大动力。

8.1.2　构建完善的多层次资本市场，保障产业发展融资需求

资本市场在保障美国产业发展融资需求中发挥了极其重要的作用，通过建立层次分明、功能完备的资本市场，各类市场主体能通过不同渠道来筹集发展所需的资金。

19 世纪上半叶，新生的资本市场开始为大规模的运河和铁路建设融资，使得美国这个地域广阔、运输不便的国家迅速成为一个一体化的经济实体；在 19 世纪末期开始的美国重工业化浪潮中，以华尔街为核心的资本市场为美国在钢铁和化工等各个重工业领域提供源源不断的资金，使美国的工业发展水平迅速超越欧洲各国。第一次世界大战前后，纽约证券交易所一举成为世界上规模最大的交易所，因此纽约取代伦敦成为世界第一大金融中心。在随后的几十年里，强大的金融资本有力地推动了美国经济的腾飞，尤其是在 20 世纪后半期进入了知识经济时代，技术创新与资本有机结合起来，高科技产业得到突飞猛进的发展，这成功地推动了美国经济的转型和产业升级。资本市场的发展带动了一大批美国科技企业的兴起，如英特尔、微软和甲骨文等公司的上市，由此奠定了美国计算机产业在全球的领先地位；思科、朗讯的上市，推动了美

国通讯业的迅猛发展；雅虎、亚马逊和谷歌公司的上市，使美国成为网络科技行业的领航者。以资本市场为主的金融体系是美国科技产业长盛不衰的重要原因，也是美国最为核心的竞争力之一。

从资本市场的体系结构上看，美国资本市场可分为三层，其对进入市场的企业要求逐渐下降，可满足不同企业的融资需求。

1. 全国性交易所市场

包括纽约证券交易所（NYSE）和纳斯达克（NASDAQ）。其中，纽约证券交易所是美国历史上最长，也是全球最有名的证券市场，执行着世界上最严格的上市标准，只有规模大型、业绩明显的成熟公司才能在纽交所上市。2009年，纽约证券交易所并购了当时全国第二大的交易所美国证券交易所（AMEX）。目前，共有2400多家全球顶级企业在纽交所上市，日均交易额达到1230亿美元，是全球规模最大、资本流动性最强的证券交易所。

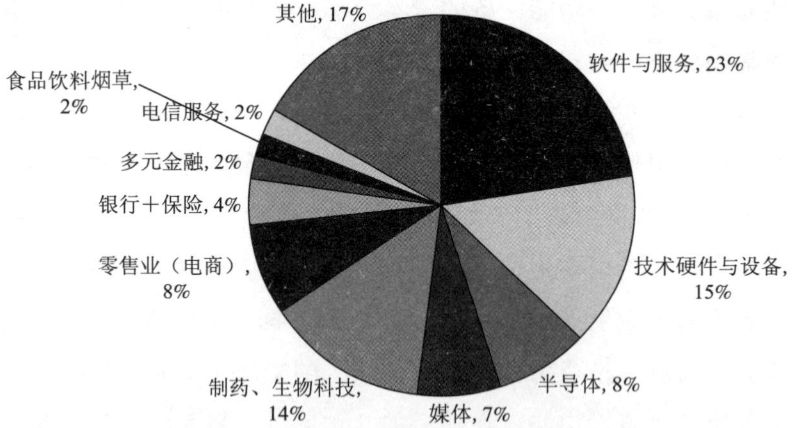

图 8.2 纳斯达克不同行业市值划分

纳斯达克资本市场（NASDAQ Capital Market）是专门服务长期公司的市场，对财务指标的要求比较低，美国最具成长性的中小企业中有90%以上在NASDAQ上市，成为风险投资市场的有效退出渠道。截至

2015 年 8 月，纳斯达克共有上市公司 2570 家，市值规模达到 7.9 万亿美元。纳斯达克资本市场主要支持的行业包括软件与服务、技术硬件与设备、半导体、媒体、制药及生物科技、零售业、银行与保险、食品饮料烟草、电信服务等。其中软件与服务、技术硬件与设备是纳斯达克市场市值最高的板块，显示出科技、媒体和通信（TMT）是纳斯达克市场服务的主要产业。

2. 区域性交易所市场

这类交易所没有纽约证券交易所和纳斯达克的影响力和知名度，但其上市标准、交易品种都各具特点，加上地域性的优势，有力地推动了区域性中小企业的资本运作，有效弥补了纽交所和纳斯达克的市场空白，成为美国资本市场体系的重要组成部分。从地域分布来看，主要的区域性交易所市场包括：芝加哥证券交易所、太平洋交易所、费城股票交易所、波士顿股票交易所、辛辛那提股票交易所等。

3. 柜台交易市场

柜台市场主要包括公告板市场（Over the Counter Bulletin Board，简称 OTCBB）和粉单市场（Pink Sheets）。前者是一个报价服务系统，对于报价对象没有财务和最低价格等要求。但是被报价证券必须在美国证券交易委员会或其它联邦监管机构注册，并且当前该证券向相应监管机构报备的文件是有效的。OTCBB 带有典型的第三层次市场特征，与众多的创业板相比具有真正的创业板特征：零散、小规模、简单的上市程序以及较低的费用。对于那些未能达到纳斯达克市场标准的小企业而言，OTCBB 是挂牌的另一个选择。截至 2017 年 9 月，OTCBB 共有交易证券 17167 只，交易量达到 10.43 亿美元。粉单市场（Pink Sheets）也是个报价服务系统，其对进入报价系统的公司要求更低：被报价证券不需要在美国证券交易委员会报备文件；小企业在该市场挂牌，无需强制承担信息披露义务，也不一定要承担报告注册义务，其成本很小。

8.1.3 打造成熟的风险投资和贷款市场，推动科技产业发展

1. 风险投资市场

美国拥有发展成熟的风险投资市场，其市场规模占全球私募股权投资总额的一半，风险投资率是西欧的近两倍。根据美国风险投资协会发布的《2016年美国风险投资年鉴》，2015年美国风险投资者投资总额为600亿美元，交易数量为4380笔。其中，软件行业获得了235亿美元投资，交易数量1768笔；生物科技行业获投金额76亿美元，交易数量474笔；媒体娱乐行业获投金额47亿美元，交易数量420笔。美国风险投资主要投向企业的成长期及扩张期。2015年投向成长期及扩张期公司的投资额为421亿美元，占总投资额70%，交易数量为3365笔，占总交易数量77%。

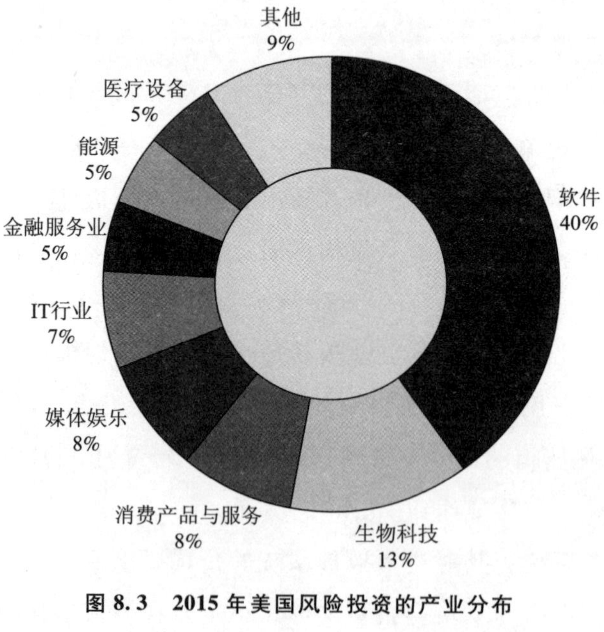

图8.3 2015年美国风险投资的产业分布

2. 风险贷款市场

美国风险贷款市场已经形成以 4 家银行型风险贷款和 9 家非银行型风险贷款为主导的市场局面。其中著名的机构有硅谷银行，硅谷银行为硅谷地区 70%以上的风险投资支持的企业、全美 50%以上的 VC 支持的企业提供服务，提供比一般的贷款利率高 2%~5%的贷款服务，服务初创公司累计超过 3 万家，坏账损失率不到 1%。与一般商业银行贷款不同的是，风险贷款在资金来源上主要是来自于科技企业和风险投资公司的存款，且客户定位也主要为科技企业；在业务模式上，风险贷款主要采取股权投资和债权投资，在提高收益的同时有效降低了融资风险。

8.2 德国产业金融发展实践

德国作为老牌的资本主义强国，强大的先进制造业基础是支撑其发展的核心，而科技研发又是推动先进制造业不断创新的重要因素。2011 年，德国提出“工业 4.0”计划，开启了以智能制造为主的“第四次工业革命”之路。德国制造业和科技产业的发展，离不开雄厚金融资本的支持，纵观德国产业金融的发展，主要是开展了以下重要的实践。

8.2.1 政策性金融机构为科技产业提供多种融资服务

在德国，科技产业创新主要由企业完成，科技企业的科研投入占全国科研总量的 70%。目前，为科技企业服务的金融机构多达 2000 多家，包括德国复兴信贷银行、储蓄银行、州立银行、担保银行及合作银行等机构，他们为科技企业提供信贷融资和股权融资等服务。以下主要介绍德国复兴信贷银行的政策性融资服务。①

① 范文仲. 德国科创企业的金融服务经验和启示 [R]. 中国金融四十人论坛. http: //www. cf40. org. cn/plus/view. php? aid = 10417

1. **政策性贷款**

德国复兴信贷银行（KFW）作为政策性银行，以较低的成本发行债券和向其他金融机构贷款，并通过政府转型资金拨款及欧洲复兴计划（ERP）的专用资产基金等方式筹集资金，并将所筹集资金通过商业转贷给借款人。通过转贷模式，德国复兴信贷银行将资本市场筹集的低利率资金和政府利息补贴的好处转给了中小企业客户及转贷银行，并且自身也获得了低风险收益。

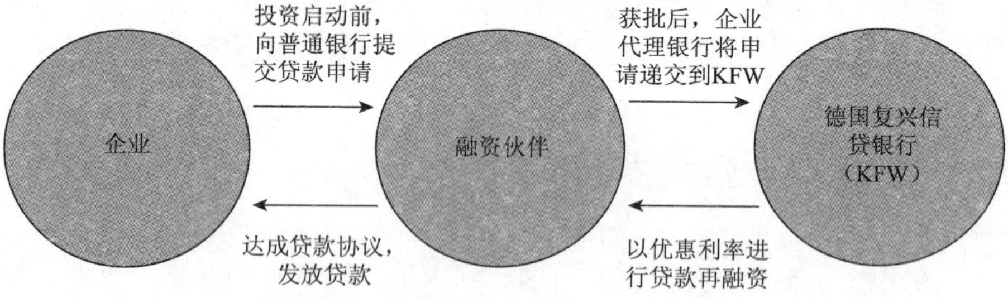

图 8.4　德国复兴信贷银行转贷模式

2. **次级贷款融资**

德国复兴信贷银行的夹层融资项目主要是用于创建或收购企业，保证建立或合并后的企业在前三年内保持稳定发展。德国复兴信贷银行提供服务期限为 15 年、总金额不超过 50 万欧元的次级贷款（subordinated loan），这实质上是长期无担保的债权类风险资本。

3. **股权融资**

德国混业经营的金融体系允许银行为企业进行股权融资，德国复兴信贷银行利用欧洲复兴计划（ERP）的专用资产基金为新兴创新企业提供股权融资，但不参与企业具体的经营管理工作。对于处在不同发展阶段的创新企业，德国复兴信贷银行采用不同的股权融资方式，如：对于入市时间为 10 年以下的小型新兴创新技术企业，德国复兴信贷银行的参股比重不超过 50%；对于入市时间为 10 年以上的中小型企业，德国复兴信贷银行以股权资本或基金的方式为其注入 500 万欧元以下的资本，参股比重不超过 25%。对于剩余的资金缺口，企业必须寻找股权投资公司或天使投资基金等主投资方来提供配套投融资服务。主投资方为技术企业的融资、技术和管理提供全方位的支持，并由此获得德国复兴信贷银行支付的酬金。

8.2.2　构建以担保银行为主体的风险补偿机制

德国政府构建了以担保银行为核心的多层次融资担保体系，有效分担了银行信贷融资的风险，保证了产业发展获得信贷融资的可持续性。

目前，德国融资担保体系分三个层次。第一个层次是德国担保银行体系，主要为 5 万欧元至 100 万欧元的贷款提供担保服务；第二个层次是州政府，为 100 万欧元至 350 万欧元的贷款提供担保服务；第三个层次是联邦政府，为 350 万欧元以上的贷款提供担保服务。其中担保银行是推动小微和创业企业的主要机构。德国担保银行属区域性政策性服务机构，只为本行政区域内的企业和个人提供贷款担保服务。德国担保银行成立于 1954 年，目前全德国共有 17 家担保银行，除巴伐利亚州有 2 家外，其余每个州只有一家。

德国担保银行是由相关工商业行业协会、储蓄银行、国民银行、私人银行、保险公司等发起设立的股份制公司，是介于政府与行业协会之间的公益性组织。担保银行不从事资金吸收和贷款发放业务，只对储蓄银行、合作银行、商业银行等贷款银行提供担保和风险分担。担保银行融资主要有三个渠道：一是自有资金的利息收入；二是利润；三是来自复兴信贷银行的低息贷款。2010 年，担保银行撬动银行贷款 18.38 亿欧元，为近 7000 家中小企业提供了 7983 笔担保，缓解了中小企业因缺乏担保物而无法融资的问题，也支持了中小科技企业的发展。

担保银行的风险补偿机制是德国担保体系得以运行良好的关键因素。根据德国信贷法等规定，商业银行与担保银行对担保贷款一般按照 2∶8 的比例分担风险责任，即担保银行承担的 80%风险责任，一旦发生损失，德国联邦政府和州政府分别分担其中的39%、26%，担保银行只承担35%。在原东德地区的6个州，联邦政府和州政府承担的比例更是高达80%。

8.2.3 政府参与设立高科技创投基金支持科技产业发展

为推动德国高新技术产业的发展并保持全球领先地位，德国政府于2005年在《高技术战略》框架下推出了支持高科技企业创业的高科技创业基金，以“公私合营”模式和“股权投资”模式来弥补高新技术产业融资不足的问题。

2005年，高科技创投基金成立之初净值为2.72亿欧元，其中2.4亿欧元来自德国联邦政府的公共投入，3200万元来自德国复兴信贷银行、西门子、德国电信、戴姆勒等企业的投入。2005—2011年，高科技创投基金一期共资助了250家高科技企业创业，吸引了约3.35亿欧元外来资本流入。2011年高科技创业基金进入第二期，又有德国邮政（DHL）、博朗（Braun）等七家企业加入。截至2012年第一季度，共完成高科技创业投资项目279项，投资总额约4.2亿欧元。

高科技创投基金重点资助信息通讯技术、生命科学、自动化与电子技术、清洁技术、纳米技术等七大重点领域，申请标准包括独立拥有受保护或可受保护的知识产权成果、独特鲜明的战略竞争优势、有适当的创业初始资金投入、以及公司运营时间不超过1年、员工不超过50名、年运营额不超过1000万欧元、种子理想期限不低于12-18个月等。在申请基金方面，获得资助的个人创业者占比35%，大学高校创业者占比33%，中小企业占比22%。

在资金使用上，高科技创投基金以参股方式投入高科技创业企业中，一般向受资助企业提供最高50万欧元的可转股次级贷款，并由此获得企业15%的名义股份，或向受资助企业提供为期7年的150万欧元后续风险投资。同时，受资助企业自有资金投入比例必须达到20%，其中一半可为商业天使投资、地方种子基金、公立或私立投资。从规模上看，政府主导的高科技创业基金在国内种子资本市场上占总量的 54%，占据了市场的主导地位。

8.3　日本产业金融发展实践

与欧美发达国家产业金融的发展模式相比，日本产业金融的发展主要以“财团”模式为支撑，即财团通过各种程度的参控持股形式，渗透到产业链的上下游企业中，将“产”和“融”有机结合起来，促进产业资本和金融资本的融合，来支持本国的实业发展。具体来看，日本产业金融发展实践包括以下几方面。

8.3.1　构建以主办银行为主导的产融结合模式

在日本，财团是金融资本集团的简称，由金融机构和实业企业结合在一起形成垄断集团。其中，金融机构包括银行、证券公司、保险公司等，企业包括综合商社和制造业企业。通常由一家银行为集团内企业提供资金融通，持有这些企业的股份并对企业承担监督职责，因此这家银行被称为主办银行（Main Bank）。①

虽然财团内部成员以主办银行为中心，但财团并不是独立法人，它只是成员企业间松散地横向联合在了一起，以谋求共同发展、相互促进。其主要特征有：一是主办银行向集团企业提供持续的信贷支持。主办银行是财团成员企业的主要贷款人，为成员企业提供融资服务。主办银行也可能成为财团内部企业的主要股东之一，银行通常都持有财团企业的股票。二是交叉持股。财团的成员企业通常是交叉持股的，甚至各大财团之间的内部企业也是交叉相互持股的；财团的银行、证券、保险等金融企业可以持有实业企业的股票；实业企业也可以对各类金融企业

① 荆永欣．中国与日美产融结合模式比较研究［D］．吉林大学，2011.

进行持股。在这种体制下，财团各成员之间的联系得到加强。三是人事派遣。财团的主办银行和综合商社的管理人员派遣至产业企业担任重要职务，以监督和管理企业的经营。产业企业通常会接受派遣专员的管理决策，因为实业企业需要银行长期的资金支持。

8.3.2 财团重组建立金融控股集团

日本的六大财团包括三菱财团、三井财团、住友财团、三和财团、富士财团和第一劝银财团。每个大财团的成员企业都将金融资本、商业资本和产业资本有效地结合起来，形成了日本独特的产商融结合模式。在这种模式下，主办银行和综合商社为产业企业提供资金支持，组织产业企业参与和投资各种项目。主办银行、综合商社与产业企业互相支持、共同发展。

六大财团各自有擅长的行业领域。这六大财团的内部企业通过资金联系、经营联系，其产业之广泛，也使得它们成为日本经济各个领域的领头者和佼佼者。

表 8.1　日本六大财团发展的重点行业领域

三井财团	化工、重型机械、综合电机、汽车制造、房地产、半导体
三菱财团	汽车、军火、电子、石油化学、飞机、造船、核能
住友财团	金属业、金融业、电气产业
富士财团	商业、金融业、汽车、钢铁
三和财团	钢铁制造业、通讯业、液化气、陶瓷、橡胶
第一劝银财团	化工纤维、光通讯、计算机、石油开发、食品

日本的六大财团两两控制了三大金融控股集团。如图 8.5 所示，六大财团都有占据财团核心地位的主银行和综合商社。第一劝银财团和富士财团于 2000 年 9 月组建了瑞穗金融集团，成为了当时日本最大的金融控股公司。随后，三井和住友财团成立了三井住友金融集团。日本最大的银行三菱联合金融控股集团，则是由三菱财团所属的三菱东京金融

集团和三和财团所属的日本联合金融控股集团合并而成的。由此，均以一银行加一商社为中心的六大财团控制了当代日本的三家金融控股集团。

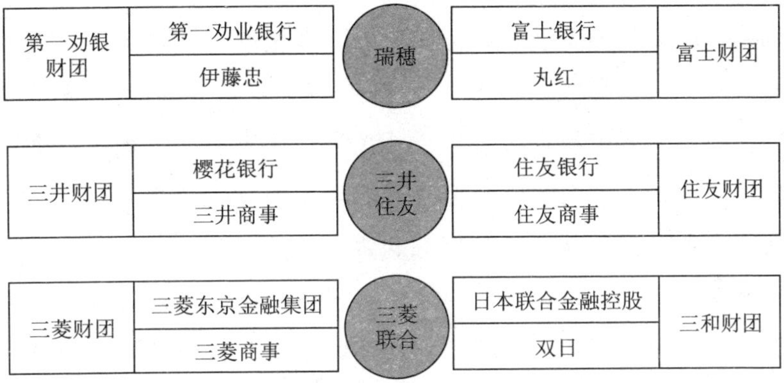

图 8.5　日本六大财团控制的金融控股集团

8.3.3　综合商社依靠财团开展供应链金融服务

综合商社是日本财团的重要组成部分，通常以贸易为中心，集金融、信息、综合组织与服务功能于一体，主要负责产品的流通，是产业发展的组织者。在产业发展的初期，综合商社利用新产品的供不应求状况，来获取大量的经营利润。而当产业发展进入成熟期，产品供给和需求增速进入了平缓波动的阶段，产品交易量出现停滞不前甚至下降时，综合商社难以获得持续收入，此时综合商社的经营便从原先简单的流通服务商转向专注下游客户转型的供应链服务商。

由于日本综合商社依靠的财团拥有雄厚的资金实力，综合商社可以为上游生产商和下游贸易客户提供信用支持，这主要是因为：一是综合商社股权结构是一种贸易、实业、银行环形持股的结构，其中综合商社和商业银行等金融机构互为彼此的最大股东，商业银行对综合商社的持股率基本上达到5%以上，成为了其第一、二位大股东，所以综合商社容易商业银行取得巨额优惠贷款。二是综合商社经营规模大，经营策略灵活，信息搜集效率高，承担风险能力强，商业银行愿意将款项贷给商社。

综合商社提供的供应链金融服务主要包括：（1）对生产企业提前支付货款，保障生产企业的财务稳定，并在生产企业购买进口机械设备或原材料时提供延期支付等金融业务；（2）对缺乏资金而又难以获得银行贷款的中小型原料批发者提供贷款和信用支持，使其在资金短缺时能够维持运营；（3）向零售商提供信贷服务，允许零售商延期付款，对产品需求者提供贷款，使其拥有购买产品的资金。①

通过以上手段，综合商社不仅缓解了整个流通体系的资金压力，而且加强了其与贸易客户、生产厂商之间的粘性，巩固了与中小型批发商的合作关系。

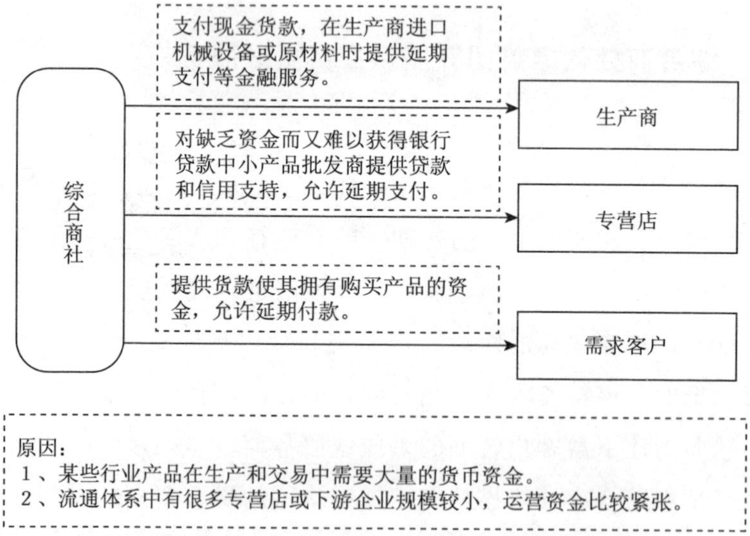

图 8.6 综合商社在产品交易过程中提供信用服务

① 财团背景起步，回归中小企业供应链服务——钢贸深锐观察之日本篇［R］. 长江证券，2014. 10.

专栏 8.2：日本钢铁企业融资指定销售模式

目前，日本钢铁分销中 70%的订单采用的是指定销售模式，这部分钢铁由钢铁企自行寻找终端客户，并与其协商相关交易条款。但合同由综合商社分别与钢铁企业和终端客户签订，然后钢厂将货物直接送到客户手中，期间，综合商社使用现金向钢企支付货款以保证钢厂资金的稳定运转，同时下游客户向其支付 120 天的期票。在指定销售模式中，综合商社主要提供信用融资、合同处理等具体商务服务，并收取 3%的佣金作为酬劳。目前，指定销售模式主要针对造船、汽车制造、机械制造等不需要深加工的大宗钢铁需求客户。

这种大规模同质化的需求仍然通过综合商社进行交易，虽然有部分是因为日本很多大型钢企、制造业和综合商社都通过交叉持股形成一个垄断财团，出于经营效率的考虑而对钢企和商社进行生产与销售的分工，但更多的还是因为综合商社在交易过程中利用自身雄厚的金融资源为上下游提供了金融与信用服务，保证了双方具有充足的现金流来稳定经营。

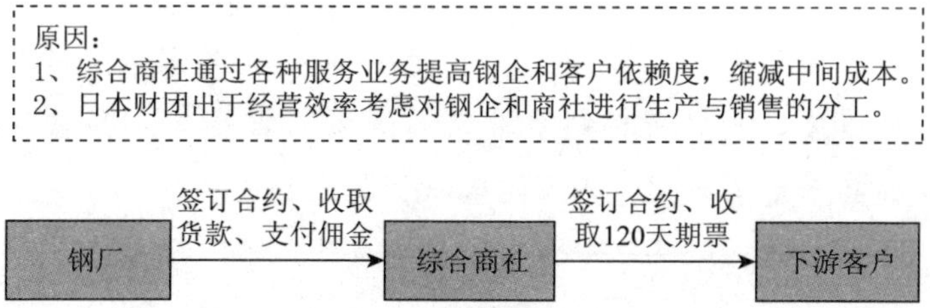

指定销售模式流程

日本经济的产业结构在 70 年代发生了巨大的变化，从以基础材料产业为中心的重化学工业为主，向加工装配型、高附加值型的技术和知识集约型产业的转换。钢铁、石油、化学等综合商社主营行业逐渐沦为结构调整中的“不景气业种”。随着汽车、机械和建筑等传统产业的技术革新与航天、电子等新兴制造业的崛起，单一的钢材产品已经无法满足下游产业的需求。

包括日本在内，钢企大多追求规模效应，向下游延伸深加工、配送等服务主要针对造船、汽车、家电等大型的规模化客户，如果由钢企面向中小客户多批次、小批量的需求进行针对性服务，成本会非常高昂。同时，由于70年代日本基础工业的衰退，导致了综合商社经营钢铁的利润不断下降，据统计，综合商社钢铁的销售总利润率从1973年的2.39%下降到1981年的1.54%，下降幅度高达36%。因此综合商社开始对中小制造客户的钢材深加工和剪切业务进行拓展，这样既保证了钢铁企业的规模化生产，又满足了下游企业的多元化需求，还提高了自身的利润率。

在多数情况下，商社出资参与钢材加工中心以及流通中心的设立，形成了商社与加工中心、流通中心的资本关系，保证了双方业务关系的连续性与稳定性。加工中心按需求者的要求加工出各种不同规格的钢材，流通中心现侧重于钢材的区域配送。流通中心的规模要大于钢材加工中心，较大的流通中心通常包含着若干个钢材加工中心。在日本，一个综合商社平均拥有100多家专营店，这些专营店通过提供仓储和加工等服务，一般会将销售价格顺加采购价格的10%至12%，其利润空间远高于综合商社3%的佣金率。

8.4 全球产业金融发展实践对中国的借鉴

从美国、德国和日本产业金融发展的实践来看，各国均根据自身经济、产业的实际情况，以及金融体系的特征，发展出了各自独特的金融与产业融合发展模式，在推动产业结构升级、提供产业发展所需的资金等方面发挥了重要的作用。在面对经济发展步入新常态、产业结构转型升级内在要求进一步加大的背景下，学习借鉴发达国家的产业金融发展经验并应用于实践指导，具有重要意义。

8.4.1　产业金融发展必须以产业基础为依托

由于资本市场缺乏效率，我国企业往往面临融资难、融资贵的难题。因此，我国在推动产业金融发展过程中容易围绕融资主线而进行。在企业“资金短缺”的思维方式下、加之实体经济下行，许多实体企业重视布局金融机构，却忽视了企业核心业务的发展，将产业与金融本末倒置或者离开传统产业单独发展金融业。然而，产业金融的发展关键是发挥产融结合带来的协同效应，离开产业发展金融业必然会导致金融风险的产生。随着金融创新层出不穷，金融风险的隐蔽性也大大增强。盲目将产业资本向金融资本转化，则容易威胁到企业核心业务的运行。实体企业成功的产融结合模式，不但要求企业具备雄厚的经济实力，同时还要有良好的经营管理机制和运作机制。从 GE 的产业金融模式可以看出，实体企业在进入金融行业时，最好依托于企业的基本业务，GE 在进入金融行业的初期，就以提供通用电气产品的消费信贷为主。日本的综合商社提供信贷服务也是基于与上下游企业长期业务合作的基础。因此，产业金融的发展必须依托产业而开展，即使被认为是产融结合最成功案例的通用电气，自金融危机以后也开始收缩金融部门，将企业战略中心回归到了实体部门。

8.4.2　产业金融发展核心在于畅通产业融资渠道

产业金融发展的关键是构建产业资本与金融资本之间良好的对接渠道，实现二者的有效融通。从美国、德国的发展实践上看，尽管两国在推动产业融资方面采取的手段各不相同，如美国注重从多层次资本市场建设上为产业发展提供资金，德国注重政策性融资及设立产业引导基金，但两国均根据自身发展特点实现了对产业的有效资金供给，为产业资本与金融资本的融合奠定了重要的基础。此外，为确保金融资本能支持实体经济的发展、促进中小企业融资，德国还完善了政策性风险补偿机制和担保机制。德国担保银行作为独立银行机构，在政府提供反担保的基础上，有效实现了贷款风险在政府、担保银行和贷款银行之间的分担，保证了担保机制长期有效运行和信贷流向有真正需求的产业企业。因此，中国发展产业金融，可以充分借鉴美国和德国的先进经验。首先在资本市场融资方面，应着重发展场外交易市场对产业企业的融资作用，加大资本市场对科技企业金融服务的覆盖面；其次，应加强政策性金融机构对重点产业企业的金融服务，丰富融资产品类型；最后考虑加强政府、政策性担保机构与贷款银行分担机制的建设，推广产业风险补偿基金制度，从而来增强银担合作长期、稳定、健康发展，营造良好的环境。

8.4.3 鼓励大型企业集团开展供应链金融业务

从以上发达国家产业金融的发展实践上来看，金融控股集团是产融结合的最典型载体。美国的摩根财团、GE 都经历了“由产而融”或“由融而产”，并最终完善了产融结合方式，这不仅推动了企业发展，也带动了产业链上下游企业的共同发展。日本财团则通过相互持股、系列融资、集团内交易实现产商融相互融合。尽管近年来中国也出现了一批财务公司、金融控股集团等企业，但其在机制创新、产品创新等方面与国外发达国家仍存在着一定的差距，对上下游产业和企业的支持作用有待加强。因此，应鼓励大型企业集团完善资金存量管理、融资管理、收益管理、统筹管理等综合资金管理机制，积极为集团企业提供内部融资渠道，以降低企业融资成本。同时，根据集团企业的经营特点，主动打通产业链上下游企业的产品生产、交易和资金供需等各个环节，创新金融产品和服务模式，积极开展应收账款质押融资、系统内票据池等供应链金融服务，加强产业与金融的融合。

8.4.4　支持金融资本向产业资本进一步转化

日本通过财团主办银行与企业相互持股，实现了金融资本与产业资本的紧密结合。金融机构与实体企业相互持股，不仅能使金融机构与企业之间的关系更加紧密、降低信息的不对称程度，也有利于金融机构发现更好的投资机会，提升收益空间，还能有效推动金融资本与产业资本的结合，推动产业金融发展。目前，中国金融业实行的分业监管模式，金融机构的业务和投资范围有明确的限定。不过，自 2015 年开始，国家已提出符合条件的银行业金融机构，探索试点为企业创新活动提供股权和债权相结合的融资服务方式，与创业投资、股权投资机构实现投贷联动，这就为中国金融资本向产业资本转化提供了重要的机遇。

未来，还应进一步扩大试点范围，支持更多银行金融机构开展投贷联动，同时，探索金融机构与产业集团相互持股，能更好地推动产融结合。对银行而言，应进一步支持其开展以下探索以推动金融资本向产业资本转化：一是“贷款+子公司直投”。在该模式下，由银行旗下具有投资功能的子公司对企业开展股权投资，由银行对该企业发放贷款，能形成的一种股权和债权相结合的投贷联动模式。二是“贷款+远期权益”。在该模式中银行业金融机构开展信贷投放，与此同时，由本机构设立的具有投资功能的子公司持有企业的认股权证、股票期权等远期权益凭证，约定投资子公司具有在未来一定时期、符合一定条件的情况下以约定价格认购或购买标的企业一定数量股权的权利。三是“贷款+直投+远期权益”。该模式是以上两种方式的结合，银行业金融机构发放贷款与本集团设立的具有投资功能的子公司以自有资金进行的直接投资且持有认股权证、股票期权等远期权益凭证相结合的方式，来开展企业内部投贷联动。

第 9 章　中国产业金融发展实践

中国产业金融起步于 20 世纪 90 年代，产业资本与金融资本实现了简单融合。到 2004 年，中国第一家汽车金融公司——上海通用汽车有限公司在上海开业，标志着我国产业金融进入初步形成阶段。当前，我国产业金融进入了快速发展时期，银行机构、政策性金融机构、政府引导基金、私募基金、金融租赁公司、投资担保公司等支持产业发展的金融机构迅速崛起，互联网金融、物流金融、文化金融、科技金融、供应链金融、房地产金融、能源金融等产业金融发展突出，支持产业发展的金融机构和金融业务不断创新，产业金融体系建设也逐步完善。

9.1　金融支持实体经济发展实践

在推动经济不断实现创新发展、企业融资需求增大的背景下，国家相继出台了《关于金融支持经济结构调整和转型升级的指导意见》（简称“金融十条”）《关于金融支持工业稳增长调结构增效益的若干意见》等政策文件，进一步优化整合金融资源，我国支持实体经济发展的金融机构和作用形式呈现多元化发展。

9.1.1　银行支持实体经济发展显成效

改革开放后，中国经济快速发展，高强度、大规模的开发建设产生了巨大的投资需求，以信贷为主的公司金融业务成为商业银行支持实体经济发展的主要形式。“金融十条”出台后，银监会出台了一系列金融支持实体经济发展的政策，其中包括支持产业结构调整、支持小微企业和“三农”、支持“大众创业、万众创新”、缓解企业“融资难、融资贵”问题等多方面的措施。据央行公布的 2017 年上半年统计数据显示，6 月 M2 同比增长 9.4%，再创历史新低；人民币贷款增加 7.97 万亿元，同比多增 4362 亿元；2017 年 6 月末社会融资规模存量为 166.92 万亿元，同比增长 12.8%，保持平稳较快的增长，信贷结构进一步优化，银行对实体经济的支持力度加大。

具体来看，一是信贷主要投向从民生工程建设和新兴产业，严格限制对产能过剩行业的新增贷款，加大了科技文化、节能环保、新一代信息技术、高端装备、新材料等重点领域的支持力度，推动了产业结构的转型升级；二是积极支持“三农”发展，开展精准扶贫，截至 2016 年末，全口径涉农贷款余额 28.2 万亿元和 20.8 万亿元，同比增长了 7.1%；三是小微企业金融产品和模式不断丰富，人民银行专门设立支持小微企业再贷款，加大了对创新初创企业的支持力度。截止 2016 年底，全国小微企业贷款余额 26.7 万亿元，占各项贷款余额的 24.1%，小微企业贷款余额户数 1361.1 万户，同比增长 38.5 万户，创业担保贷款余额达 964 亿元。

9.1.2　政府引导基金撬动实业投资发展

2002 年，中关村创业投资引导资金的成立标志着我国政府引导基金发展的开端。近年来，从中央到地方均将政府引导基金视为大力促进“双创”产业发展、推动产业优化升级、调整经济结构的有利工具，政府引导基金遍地开花，撬动了大量的社会资本、扩大了财政的杠杆效应。截至 2016 年底，据中投院统计，国内共成立政府引导基金 1013 只，总目标规模 5.33 万亿元。从区域分布来看，华东地区累计成立了 328 支引导基金、数量上居全国首位，华北地区的引导基金总目标规模达 8280 亿元、位于全国之首。从行业来看，基础设施类政府引导基金成为主力，千亿级政府引导基金频现，此外，战略新兴产业也备受青睐。

在支持中小企业发展方面，政府引导基金作用突出，目前，总规模600亿元的国家中小企业发展基金已“结果”，下设基金主要聚焦于种子期、初创期、成长型中小企业的投资，所投项目的地域分布基本覆盖全国各区域，4只直投实体基金中已有中小企业发展基金（深圳有限合伙）出现了首个退出案例，标志着国家中小企业发展基金结下阶段性果实。在2017年9月新修订的《中小企业促进法》中明确指出，“县级以上地方各级人民政府可以设立中小企业发展基金”，通过立法的形式推动地方成立中小企业发展基金，这将为中小企业的直接融资提供制度上的保障。

表9.1　截止2016年底目标规模中国百亿以上引导基金成立情况

序号	引导基金名称	目标规模（亿元）	设立时间	级别
1	深圳市市属国资改革与战略发展基金	1500	2016年	市级
2	国家集成电路产业投资基金	1387.2	2014年	国家级
3	北京市政府投资引导基金	1000	2016年	省级
4	江西省发展升级引导基金	1000	2016年	省级
5	徐州产业发展引导基金	1000	2016年	市级
6	国家中小企业发展基金	600	2015年	国家级
7	广东省重大科技成果产业化母基金	500	2016年	省级
8	国家新兴产业创业投资引导基金	400	2015年	国家级
9	湖北长江经济带产业基金	400	2015年	省级
10	成都前海产业投资基金	400	2016年	市级
11	扬中市智慧长江产业引导基金	300	2016年	市级
12	国家先进制造业产业投资基金	200	2016年	国家级
13	北京高精尖产业基金	200	2016年	省级
14	天津产业创新引导基金	200	2016年	市级
15	江苏中韩盐城产业园发展基金	200	2016年	市级
16	南京江北新区发展基金	200	2015年	区县级
17	国家科技成果转化引导基金	>173	2014年	国家级
18	广东省集成电路产业投资基金	150	2016年	省级

续表

序号	引导基金名称	目标规模（亿元）	设立时间	级别
19	湖北咸宁香城产业基金	150	2016 年	市级
20	苏州高新区政策性引导基金	150	2016 年	区县级
21	苏州工业园区政府引导基金	150	2010 年	区县级
22	赣州经开区产业基金	150	2016 年	区县级
23	重庆产业引导股权投资基金	125	2014 年	省级
24	武汉市战略性新兴产业发展引导基金	102	2013 年	市级
25	济南高新区股权投资基金	100	2016 年	市级
26	粤科南海并购母基金	100	2015 年	区县级
27	深圳市福田区政府投资引导基金	100	2015 年	区县级
28	常州赛伯乐发展基金	100	2016 年	市级
29	徐州市产业基金	100	2016 年	市级
30	郑州市制造强市基金	100	2016 年	市级
31	洛阳市产业转型基金	100	2016 年	市级
32	北海市政府投资引导基金	100	2016 年	市级
33	京津冀产业结构调整引导基金	100	2016 年	市级
34	安庆市产业发展基金	100	2016 年	市级
35	洛阳市产业转型升级基金	100	2016 年	市级
36	宜昌三峡产业引导股权投资基金	100	2016 年	市级
37	佛山市创新创业产业引导基金	100	2016 年	市级
38	江西制造业投资基金	100	2016 年	省级
39	安徽毅达皖江创业基金	100	2016 年	省级
40	河南中小企业发展基金	100	2016 年	省级
41	北京大数据产业投资基金	100	2016 年	省级
42	福建省产业股权投资基金	100	2015 年	省级
43	浙江省转型升级基金	100	2015 年	省级
44	辽宁省产业（创业）投资引导基金	100	2015 年	省级

9.1.3　融资租赁成为服务实体经济的生力军

融资租赁具备融资融物相结合的特性，是与实体经济联系最为紧密的金融力量，具有能够直接服务经济转型升级的独特作用。近年来，我国整个融资租赁行业得到了快速发展，企业数量及融资租赁余额迅猛提升，行业覆盖面更加广泛，据商务部发布的《中国融资租赁业发展报告（2016—2017年）》显示，截至2016年底，我国登记在册的融资租赁企业数量共计6158家，比2015年增加2543家；企业注册资本金总量为19223.7亿元，同比增幅为31.3%；全国融资租赁企业资产总额突破两万亿；融资租赁资产总额12810亿元，增长32.9%；资产总额排名前五位的行业分别是能源设备、交通运输设备、基础设施及不动产、通用机械设备和工业装备，金融租赁服务实体经济的作用日益突出。以飞机租赁为例，它是整个航空产业链的枢纽，上游联系了航空制造业，下游联系了航空运输，中游又联系了金融业、中介服务业，其中，工银租赁国内飞机租赁发展的典型，从2007年成立至今，十年来实现了跨越式的发展，同时也是我国金融租赁行业发展“黄金十年”的重要缩影，截至2016年末，该公司合并报表后的境内外总资产达到2952亿元，实现营业收入140亿元，净利润34亿元，拥有和管理的飞机达544架，已成为国际第五大飞机租赁公司。

9.1.4 私募基金成为产业创新的加速器

近年来，在我国构建多层资本市场、产业整合与创新以及加速对外投资合作的多重背景下，我国私募基金行业的发展取得了爆发式增长的成果。截至2016年底，基金业协会已登记私募基金管理人23982家，已备案的私募基金30260只，认缴规模10.24万亿元，私募证券投资基金规模达2.27万亿元，证券投资基金产品发行量达35577只，比2015年增长了22.16%，行业从业人员达28万人。私募基金行业凭借自身的专业能力，不断地发现价值、创造价值，承担起支持实体经济创新、推动产业结构升级的重任。各类私募基金在企业不同成长周期内各展所长，创投基金通过捕捉创意和科技成果，协助早期创业企业，将新的产品和商业模式推向更广阔的市场，形成新兴产业；私人股权基金通过并购等形式整合资产，改善治理，打造行业龙头；私募证券基金则通过多样化策略、发现价格，提升市场有效性。私募基金让社会资金形成资本，促进金融资源在实体经济中实现高效配置，从而支持产业创新的发展。

9.1.5　产业链金融深化产业资本与金融资本融合

伴随企业逐渐走向集团化、国际化，财务公司在助力跨境资金集中管理和产业链金融服务等领域的作用更加突出。财务是企业的“内部银行”，按照《财务公司管理办法》，财务公司具有资金结算、管理、融通、综合服务等职能，可以将集团公司各成员单位闲散资金统一归集，形成规模优势，再以信贷方式发给单位使用，从而可降低集团整体融资成本。我国财务公司发展情况良好，截止2015年，全国共有财务公司法人机构224家，覆盖交通运输、能源电力、机器制造、石油化工等基础产业和传统产业，以及民生消费、文化产业、节能环保等新兴行业，资产总额达40万亿，实现营业收入0.15万亿，利润总额达764.84亿元，同比增长10.34%。

9.1.6　绿色金融推动经济实现绿色发展

2015年9月，国务院发布《生态文明体制改革总体方案》，首次明确提出“要建立我国的绿色金融体系”，我国以绿色信贷、绿色债券等为主体的绿色金融体系取得长足发展。2013—2015年，我国绿色信贷余额占比分别为8.7%、9.3%和9.7%，截至2016年底，21家主要银行机构绿色信贷余额达7.51万亿元人民币；绿色债券市场规模和交易主体在不断扩大，2016年中国在境内外市场共发行贴标绿色债券2300亿元人民币，占全球绿债发行量的39%，有力地支持了绿色项目的融资需求；碳金融市场推动碳减排取得较好成效，截至2016年底，全国七个碳排放交易试点城市共纳入控排企业和单位超过2000家，累计交易量1.36亿吨，交易额达34.3亿元人民币，同比增长129%；产品和服务创新不断涌现，我国成立全球首支投资“一带一路”绿色产业的私募基金——绿色丝绸之路私募股权基金，部分商业银行试点开展碳排放权、排污权等抵质押融资业务，推出了绿色信贷资产证券化产品等。2016年8月，人民银行等六部委共同印发《关于构建绿色金融体系的指导意见》，着力推动构建覆盖银行、证券、保险等各领域的绿色金融体系，我国成为全球首个构建系统性绿色金融政策框架的国家。2016年9月“绿色金融议题”首次被列入G20杭州峰会议程，并推出了G20绿色金融综合报告，“绿色金融”已成为推进全球经济实现绿色增长、可持续发展的重要动力。

9.1.7 消费金融成为拉动内需的“利器”

随着我国经济发展进入新常态，消费成为拉动经济增长的主要动力，消费金融则成为加速经济发展的新引擎。目前，消费金融正在向旅游、教育、征信、记账、房产、汽车、保险、农业等多个细分垂直领域渗透，商业银行成为我国消费金融体系的主要力量，2016年末，本外币住户消费性贷款余额为25.06万亿元，同比增长32.2%。消费金融公司迅速发展，2009年，我国在北京、天津、上海、成都开展消费金融公司试点，2013年新增12个试点城市，2015年推广至全国，截至目前已批设17家。互联网消费金融产品层出不穷，如分期乐、蚂蚁花呗、京东白条等，消费金融服务线上和线下的融合已成为互联网消费金融未来的发展趋势。

9.2 产业金融体系建设发展实践

金融危机过后，我国政府开始权衡实体经济与虚拟经济之间的关系，不断探寻金融与产业融合的发展之道，产业金融的体系建设也成为推动经济“脱虚向实”发展的一个系统工程。产业金融涵盖了许多不同类型的领域，每个领域都有不同的产业金融发展历史和实践。

9.2.1　互联网金融：从有容乃大到刚柔并济

2013 年，伴随余额宝的诞生，互联网金融开启了“井喷式”发展，这一年被称作“中国互联网金融元年”。移动支付、社交网络、大数据和云计算等互联网信息技术的迅猛发展，加速了第三方支付、P2P 网络贷款及金融机构线上平台等模式的出现，互联网金融经历了两年野蛮生长时期，截至 2015 年底，中国互联网金融总交易规模超过 12 万亿，接近 GDP 总量的 20%，互联网金融用户人数超过 5 亿，成为世界第一，与此同时，互联网金融领域的骗局、跑路、造假等乱象集中爆发，社会各界逐渐重归理性，政府实施了严格监管规范政策。近两年，随着相关监管政策全面落地推进，互联网金融监管整治工作进入中期，政策导向由严格整治转向规范发展，行业整体经营环境也逐步改善，而金融科技的兴起也给互联网金融带来了巨大的想象空间。

1. P2P 网贷在风雨中造就巨头

2007 年，中国第一家 P2P 网络借贷平台—拍拍贷成立后，P2P 网贷开始进入快速发展时期，随着 2015 年基础利率下行，投资者对于偏高收益的固定收益类产品的需求增大，P2P 成为资本追逐的明星。截至 2015 年底，中国 P2P 网贷平台的数量约 3844 家，全年贷款交易额超过 1 万亿元。但由于监管缺位，且缺乏相应规范，整个行业的发展也是良莠不齐，非法集资、平台跑路、倒闭、坏账风波不断，而 P2P 平台的虚拟性质，导致其背后的操盘手难以被追责，2016 年 P2P 网贷的系统性风险的集中暴露。根据 Wind 数据整理，截止 2017 年 2 月底，网贷行业正常运营平台数量仅为 2335 家，同比下降了 29.41%，目前我国较大的 P2P 网贷平台主要有红岭创投、陆金所、拍拍贷、人人贷、有利网、积木盒子、宜人贷、微贷网、鑫合汇、你我贷等；停业及问题平台发生率增至 60.3%，同比上升 21.5%。P2P 的金融乱象，倒逼监管跟进并形成刚性的制度约束，未来，网贷平台要么转型整改以达到要求、要么直接退出市场，行业混乱时期也会慢慢过去，P2P 行业也能够成为具备合规条件、拥有优质资源的巨头们的天下。

2. 众筹行业稳健发展

众筹是互联网金融领域的焦点，市场层面不断有阿里、百度、京东等互联网巨头进入，资本层面不断也有众筹平台获得融资。众筹平台作为信息中介，一端获取优质项目并对接上线，另一端则服务于用户投资人，因此众筹平台的发展实质上是“成也项目，败也项目”。2016 年，众筹行业的发展有所放缓，根据 Wind 数据整理，截至 2016 年底，全国众筹平台数量共计 511 家，其中正常运营的平台数量为 415 家，平台下线或众筹业务下架的 89 家，转型 7 家；从平台融资项目来看，2016 年中国互联网非公开股权融资平台新增项目数量共计 3268 个，同比减少 4264 个，降幅为 56.6%；2016 年新增项目成功融资额共计 52.98 亿元，同比增加 1.08 亿元，涨幅为 2.1%。目前，中国众筹平台正不断趋向垂直化、细分化领域渗透，专注于垂直细分领域的众筹平台大量涌现，积极探索合规化盈利模式，众筹市场的发展依然可圈可点。

3. 第三方支付一路高歌

在中国互联网电商快速发展的大背景下，随着无线网络的大面积覆盖和通讯技术的高速进步，第三方移动支付遍地开花，支付方式智能化、便捷化、多元化，给居民日常生活支付方式带来了翻天覆地的变革。据比达咨询数据中心的监测数据显示，2016 年中国第三方支付市场规模已达 89.3 万亿元，其中第三方互联网支付交易规模达到 19.3 万亿元，增长率为 62.2%；第三方移动支付交易规模为 38.6 万亿元，增长率为 216.4%。目前，我国较大的第三方支付有：支付宝，财付通（微信支付），网银在线，银联商务，快钱支付，汇付天下，易宝支付，通联支付，拉卡拉，百度金融等。在第三方移动支付交易规模的市场份额中，支付宝占 52.3%，拥有垄断性优势，财付通占 33.7%，位列第二。2016 年，央行正式表态，“一段时期内原则上不再批设新支付机构”，明确鼓励对现有牌照进行并购，支付牌照瞬间成为稀缺资源，目前仅 248 张，成为众多企业竞相收购的对象。在二维码支付受到官方认可、各大银行纷纷布局移动支付的大背景下，移动支付在未来将继续保持高速增长。

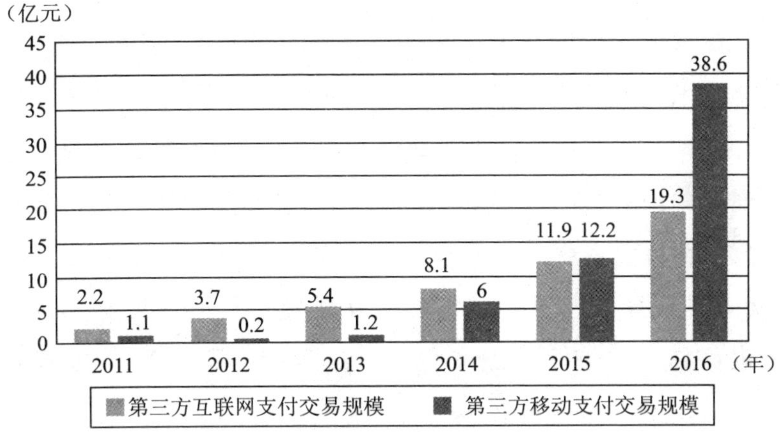

图 9.1　2011—2016 年中国第三方互联网支付与移动支付交易规模

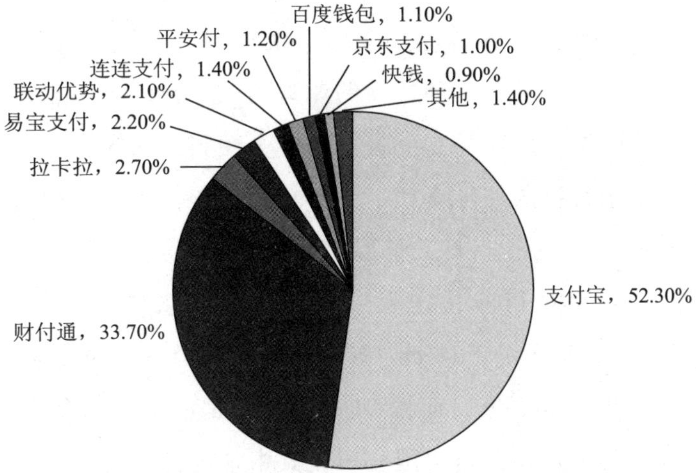

图 9.2　2016 年中国第三方移动支付交易规模市场份额

4. 互联网银行步入快车道

为深化金融体制改革，提高金融市场服务实体经济的能力，近些年国家力推传统金融的“互联网+”战略。2015年，我国首批5家民营银行微众银行、网商银行、上海华瑞银行、天津金城银行、温州民商银行全部正式开业。其中，腾讯系的前海微众银行以及阿里系的浙江网商银行基于其优秀的互联网基因，成为了中国互联网银行的发展典型，其2016年利息收入增速分别高达1105%和839%，资产规模增速分别为103%和440%。腾讯领头的微众银行推出了“微众卡”，与微信全面打通，出现了“理财+消费+支付”于一体的新型银行卡。网商银行的业务板块集中在小微企业、个人业务以及农村金融，全面覆盖“存、汇、贷”。随着科技导向的进一步深化，互联网银行的发展有望进一步提速，但也面临交易安全、隐私保护、远程操作等互联网银行特有的风险。

5. 金融科技异军突起

从2016年开始，中国的互联网金融行业进入了阶段性调整时期，金融科技（Fintech）席卷全球。全球金融稳定委员会将金融科技界定为：金融与科技相互融合，创造新的业务模式、新的应用、新的流程和新的产品，从而对金融市场、金融机构、金融服务的提供方式形成非常大的影响。金融科技的外延囊括了电子货币、支付清算、网络借贷、云计算、大数据、区块链、人工智能、智能投顾、智能合同等领域。目前，中国的金融科技行业快速发展且处于行业领先地位，在2016年KPMG和H2联合发布的Fintech 100榜单中，排名前十位的中国公司从2015年的2家增加到5家，而据BI的统计数据显示，在全球27家金融科技独角兽公司中有8家是中国公司，其中估值排名前四的公司都来自于中国。新的科技技术正深远改变金融行业的生态格局，国际社会对金融科技监管框架也初步形成一些共识，未来，那些在金融科技领域布局广泛、数据积累深厚的企业，在产业链中将会扮演至关重要的角色。

6. 监管体系基本成型

近年来，互联网金融行业的蓬勃发展，在提高金融服务效率、满足多元化投融资需求、提升金融服务普惠性和覆盖面等方面发挥了积极作用，但同时也积累了系列问题和风险隐患。尤其是自2015年下半年以来，互联网金融风险事件频发，其中P2P领域成为重灾区，泛亚有色、e租宝、易九金融等重大风险事件给投资者的造成了巨大损失。面对行业风险集中爆发，监管政策全面趋紧，2015年7月，中国人民银行等十部门联合印发我国首部全面阐述互联网金融监管的指导性文件《关于促进互联网金融健康发展的指导意见》，首次明确了互联网金融的概念，并明确了监管责任，划定业务边界，提出了具体的监管建议，预示着互联网金融公司开启新一轮洗牌。2016年政府工作报告强调是规范发展互联网金融，并密集出台了各项监管政策，被称为互联网金融"监管元年"，10月，国务院办公厅印发《互联网金融风险专项整治工作实施方案》，集中力量对网络借贷、股权众筹、互联网保险、第三方支付、互联网资产管理及跨界从事金融业务、互联网金融领域广告等重点领域进行整治，致力于建立健全的互联网金融监管长效机制。目前，互联网金融监管体系已基本成型，监管工作也步入有序推进阶段。

表9.2 互联网金融行业主要监管政策

序号	政策名称
1	《关于促进互联网金融健康发展的指导意见》（银发〔2015〕221号）
2	《互联网保险业务监管暂行办法》（保监）发〔2015〕69号
3	《最高人民法院关于审理民间借贷案件适用法律若干问题的规定》（法释〔2015〕18号）
4	《关于对通过互联网开展股权融资活动的机构进行专项检查的通知》（证监办发〔2015〕44号）
5	《关于积极发挥新消费引领作用加快培育形成新供给新动力的指导意见》（国发〔2015〕66号）
6	《网络借贷信息中介机构业务活动管理暂行办法》（银监会令［2016］1号）

续表

序号	政策名称
7	《互联网金融信息披露规范（初稿）》
8	《关于加大对新消费领域金融支持的指导意见》（银发〔2016〕92号）
9	《互联网金融风险专项整治工作实施方案》（国办发〔2016〕21号）
10	《关于加强校园不良网络借贷风险防范和教育引导工作的通知》（教思政厅函［2016］15号）
11	《征信业务管理办法（草稿）》（银征信〔2016〕5号）
12	《互联网广告管理暂行办法》（国家工商行政管理总局令第87号）
13	《网络借贷信息中介机构业务活动管理暂行办法》（银监会令［2016］1号）
14	《关于互联网金融风险专项整治工作实施方案的通知》（国办发〔2016〕21号）
15	《开展互联网金融广告及以投资理财名义从事金融活动风险专项整治工作实施方案》（工商办字〔2016〕61号）
16	《互联网保险风险专项整治工作实施方案》（保监发〔2016〕31号）
17	《股权众筹风险专项整治工作实施方案》（证监发〔2016〕29号）
18	《P2P网络借贷风险专项整治工作实施方案》（银监发〔2016〕11号）
19	《非银行支付机构风险专项整治工作实施方案》（银发〔2016〕112号）
20	《通过互联网开展资产管理及跨界从事金融业务风险专项整治工作实施方案》（银发〔2016〕113号）
21	《关于开通互联网金融举报信息平台的公告》
22	《关于实施支付机构客户备付金集中存管有关事项的通知》（银办发〔2017〕10号）
23	《网络借贷资金存管业务指引》（银监办发〔2017〕21号）
24	《关于银行业风险防控工作指导意见》（银监发〔2017〕6号）

9.2.2 物流金融：模式创新与规范发展并行

物流金融的发展起源于物资融资业务，我国的物流金融起步较晚，是伴随着第三方物流企业的发展孕育而生，但发展速度较快，以中国物资储运总公司、中国海洋运输总公司、中国外贸运输集团公司等为首的大型国有企业，带动了一大批中小型物流企业相继开展物流金融服务。近两年，随着供给侧改革、“一带一路”、京津冀协同发展、长江经济带战略等的推进和与物流金融相关政策的颁布和实施，以及在“互联网+”和大众创新的带动下，物流与金融的深度融合与创新发展已经成为业界最受关注的焦点之一，各机构持续探索物流金融创新之路，对物流金融的模式不断创新，满足了金融机构、物流企业、中小企业的共同发展需求，物流金融将迎来难得的发展机遇和广阔的市场前景。

1. 物联网金融迈出新步伐

随着物联网技术的广泛应用，物联网金融这一新业态也应运而生，物联网与金融的融合，实现了物流、资金流、信息流三流合一，能够实现对动产的全程监管、全程感知，有效解决虚假质押、重复质押、动产转移等一系列问题，降低了动产的质押风险。平安银行率先在我国布局物联网金融，并于2016年5月27日，与珠海港集团、感知科技签订物联网金融战略合作协议，标志着物联网金融的发展迈向了新的发展时代，同时也有利于珠海港港口物流业务实现跨越式发展。目前，平安银行已完成物联网仓库的全国性布局，累计与上百家重点港口、大型仓储企业、区域重点物流园区等签署物联网金融合作协议，覆盖国内大宗商品主要枢纽。

2. “互联网+物流”掀起资本狂热

2016年各大“互联网+物流”平台受到资本热捧。贵阳货车帮科技有限公司建立了中国最大的全国性车货匹配平台，正在改变中国公路物流的产业生态，日前已获腾讯、高瓴资本、钟鼎资本、DCM中国、元生资本、全明星基金、国际金融公司（IFC）、百度资本等的投资，筹集资金逾2.7亿美元。运满满、卡行天下等平台也获得了大笔融资。2016年7月，发改委发布的《“互联网+”高效物流实施意见》中，明确提出要“依托互联网等先进信息技术，创新物流企业经营和服务模式，将各种运输、仓储等物流资源在更大的平台上进行整合和优化，扩大资源配置范围，提高资源配置有效性，全面提升社会物流效率。”在“互联网+物流”的发展趋势下，资本对于“互联网+物流”这一发展模式充满期待。

3. **商业保理发展需求增大**

商业保理主要为企业提供融资、应收账款管理、收付结算等服务。在我国，物流企业与货主之间存在3~4个月的结算账期，由于物流企业的轻资产特性，造成巨大的垫资压力和融资需求，据万联网有关统计，约75%的物流企业有融资需求。一般的保理产品都是针对物流企业与客户之间形成的应收账款，以及采购执行企业与物流企业之间形成的应收采购款而设计的，与物流行业的资金需求规律相适应，未来物流行业对商业保理的需求将进一步增大。2016年2月，人民银行等八个部委联合印发的《关于金融支持工业稳增长调结构增效益的若干意见》，充分肯定了应收账款融资对企业融资的重要作用，提出要着力解决中小企业应收账款问题，提倡企业开展应收账款证券化，鼓励发展应收账款融资。在当前银行资金周转流通收紧、中小企业尤其是物流等轻资产行业融资困难加剧的情况下，商业保理为中小物流企业提供全方位的小微金融服务，破解了中小物流企业融资难融资成本高的难题，同时，商业保理行业也迎来了持续快速发展的新机遇。

4. **金融仓储业发展日趋规范**

金融仓储主要是指融资企业以存货或由仓储公司出具的仓单为质押标的，从金融机构取得融资的活动。自20世纪90年代末起，我国沿海地区的一些银行和大型物流仓储企业合作，并借鉴西方的经验进行了仓储金融创新。其中，中国物资储运总公司是我国这一领域的先行者，在1999年就与中国交通银行合作开展了我国第一单现代化的仓储金融业务，在2007年《物权法》颁布后，浙江涌金仓储股份有限公司注册成立，成为了国内第一家专业性的金融仓储公司。而2014年，爆发的“上海钢贸案”“青岛港骗贷案”等事件，严重影响了我国金融仓储业的发展。随即，国家政策法规、行业标准规范的相继出台，建立了担保品管理公共信息平台、物权登记公示系统和专业责任保险风险管理平台。2016年，中国仓储协会与中国银行业协会共同起草担保存货监管与监控协议示范文本，推动建立、并逐步普及针对担保存货管理的"专业责任保险"机制，建立"全国担保存货管理公共信息平台"，并与担保物权登记公示机构对接等。在政府部门、行业协会和银企的共同推动下，金融仓储业走上了良性发展的轨道。

9.2.3　文化金融：在局部调整中探索发展

文化金融的概念诞生于中国文化产权市场崛起之后，文化产业与互联网、金融服务等产业跨界高度融合，形成了更加合理、行之有效的市场化机制，成为经济发展的新趋势和新亮点。通过金融支持强化创新所带来的内生经济增长活力，为经济和社会的发展注入了文化元素和文化内核，是创意、创新、创业大潮的新驱动引擎。目前，我国文化金融尚处于初级阶段，文化金融在内容产业、投融资市场、技术创新等方面都有了新的亮点，但文化金融的创新仍不够深入，加上金融环境的变化，文化金融的发展迎来了局部调整期。

1. 内容产业文化金融发展喜忧参半

近年来，我国电影、艺术品、出版发行、新媒体等行业文化金融服务与资本市场发展较为典型，但有喜也有忧，仍在调整中发展。目前，我国艺术品金融发展正处于政策规范和市场调整时期，《艺术品经营管理办法》《文物拍卖管理办法》等文件的出台对艺术品金融的发展起到了规范作用，邮币卡的市场规模进一步放大，截至2016年底，中国邮币卡电子盘成交总额达3.99万亿元。电影金融方面，我国电影金融服务的形式逐渐丰富，版权预售、版权质押、电影众筹、保底发行等金融工具开始精细化，但也出现了诸如虚假票房等乱象，"明星证券化"现象也受到限制，电影产业资本市场开始进入理性的调整期，与此同时，电影企业以并购为手段积极进行全产业链的布局，2016年，以万达为代表的中国影视产业对外收购总额达到63.9亿美元。出版发行行业是文化资本市场的重要板块，随着新技术的发展，传统出版行业在资源集中性受到资本追捧的同时，也在向数字化和上下游布局。以 IP 为题材的投资持续升温，2016 年，大批囤积的 IP 走向市场。

2. 投融资市场发展不平衡

直接投融资市场发展火爆，股权类文化金融成为文化金融市场的主要组成部分，文化产业股权投资、产业并购和企业上市快速发展，2016 年新增股权投资基金披露的募资总额 3022 亿元，新三板挂牌文化类企业共 818 家，26 家企业成功上市交易。债权类文化金融是传统金融机构的主战场，在 2012 年前后，国开行、建行、工行、农行等大型商业银行先后和文化部签署了协议，建立了文化产业项目集中推荐机制，但近年来，原文化金融服务的银行机构对其文化金融业务部门有所调整，文化产业银行贷款余额呈下降趋势。风险管理类文化金融主要有文化保险和文化担保，2015 年文化保险的规模占整个非寿险市场规模的比重不足 1%，商业性与政策性担保规模也都很小，我国目前保险和担保行业对文化产业风险分担所发挥的作用非常有限。

3. 文化区块链登上舞台

2016 年是我国文化区块链的发展元年，在《中国文化金融发展报告（2017）》中指出，截至 2016 年底，披露与文化产业领域区块链应用相关的签约开发项目有十几个，少量项目宣称开始落地实施。2017 年 1 月，“CCF50 文化区块链社会蓝图”在中国文化金融 50 人论坛（CCF50）新年峰会发布时，据乐视金融区块链实验室创始负责人、中国文化金融 50 人论坛区块链工作小组副组长高林挥介绍，该蓝图分为三个部分：一是中华创世纪 IP、众筹与区块链；二是分布式版权交易区块链实验室项目；三是“文化金融区块链社区”，该项目将整合高端资源，以公益性、商业性和价值性为生态特征，扶持和支持文化领域的区块链应用。

4. 政策环境逐步改善

2012 年，财政部修订《文化产业发展专项资金管理办法》后，到

2015 年，累计安排文化产业发展专项资金 202 亿元，支持项目 3533 个，2016 年“文化产业发展专项资金”支持的重点转为“扶强扶优”，而不是“扶贫扶弱”。2014 年，文化部等部门联合发布了《关于深入推进文化金融合作的意见》，北京、南京、深圳等地认真贯彻落实文件精神，到 2016 年，文化金融合作项目纷纷落地，形成了多个全国性文化金融中心城市。2015 年，《关于在公共服务领域推广政府与社会资本合作模式的指导意见》出台，文化领域被纳入到 PPP 模式的推广范围内。2016 年 4 月，《文化企业无形资产评估指导意见》（中评协［2016］14 号）的发布，填补了无形资产评估领域的空白。目前，我国文化金融政策体系正在逐步完善，但文化金融创新道路仍待深入开辟。

9.2.4　科技金融：投融资服务体系初步建成

1985 年《中共中央关于科技体制的决定》颁布，风险投资引入中国。“科技金融”一词最早产生于 1993 年，深圳市科技局提出采取科技金融手段携手积极推进高新技术的发展。1998 年我国推出了高新技术企业债券，改变了债券市场只服务大型企业的格局。1999 年，全国科技大会正式提出设立中国创业板。在《国家中长期科学和技术发展规划纲要（2006—2020）》颁布后，“新三板”试点成为第一个配套政策，其中还提出重启创业板、鼓励设立风险投资引导基金以及开办科技保险等。经过 30 多年的持续推进，我国基本建成包括财政科技投入、科技贷款、风险投资、科技保险、多层次资本市场和科技税收政策等的科技投融资体系。

1. 科技投融资体系呈现多元化

科技信贷产品逐渐丰富多样，银行与科技、财务等部门加深合作，不断创新，推出了“科技智慧贷”、“科技助保贷”、“知产贷”等适合于科技型中小微企业的信贷产品，同时银行在国内深入开展投贷联动模式，科技贷款规模也逐步增加。创业风险投资较为活跃，募资渠道日趋多元的，政策利好不断涌现，2016年，规模总量居全球第二，全国创业风险投资管理资本总量达到8277.1亿元，较2015年增加了1623.8亿元，增幅为24.4%。科技保险新业态、新产品、新模式、新机制不断涌现，国务院开始推广发展贷款、保险、财政风险补偿捆绑的专利权质押融资新模式等支持创新改革的举措，提高金融支持创新的灵活性和便利性。多层次资本市场逐步完善，债券市场和新三板市场通过发行新产品加强对创新创业的支持，创业板与园区合作延伸了资本市场服务范围，2016年，A股市场通过首次公开发行股票为240家企业融资1600.05亿元，新三板市场新增挂牌企业4976家，融资1430亿元。海外并购向高科技、金融、消费等领域扩大布局，2016年发生海外并购923起，交易金额达2210亿美元，超过了前四年的总和。目前，我国围绕创新过程形成了众创空间、科技企业孵化器到产业园的创业孵化全链条投融资服务。

2. 科技金融政策体系基本形成

我国将“科技”视为“第一生产力”，在如何解决科技创新过程中的资金问题及高新技术企业的融资困境方面，政府部门推出系列促进科技创新活动的政策。2006年国家颁布了《国家中长期科学和技术发展规划纲要》，中央及地方政府先后出台多项促进科技金融发展的政策，包括政策性科技贷款、商业性科技银行、创业风险投资基金、科技担保、科技保险及科技企业债券等多方面及多层次的内容。此外，科技部联合其他部门共同发布的《促进科技和金融结合试点实施方案》中，还通过建立国家高新区及自主创新示范区等来集中金融资源配置以促进科技金融创新。综合来看，我国科技金融政策体系主要从优化资源配置、深化公共科技金融的创新投入，促进政策性金融机构主动制定相应计划、积极参与科技金融投入，鼓励多样化的商业性金融机构参与、为科技创新提供更多形式的创新型保障，培育科技金融中介机构和完善信用体系等方面展开，形成了涵盖公共科技金融、政策性科技金融、商业科技金融的科技金融政策体系。

3. 上海和深圳成为试点典型

2011 年，科技部发布了《关于确定首批开展促进科技和金融结合试点地区的通知》，在全国建立了 16 个科技金融试点地区，其中上海和深圳在探索发展科技型企业全生命周期服务方面较为突出。2015 年，上海股权托管交易中心为科技型、创新型中小企业量身打造的科技创新企业股份转让系统（简称“科创板”）开盘，科创板通过提供融资、交易、并购、股权托管等综合金融服务，实现了科技型、创新型中小微企业与资本市场的有效对接，科创板首批挂牌涵盖互联网、生物医药、新材料、再生资源等领域的初创型和成长型企业共 27 家。深圳市南山区为规范科技企业的服务模式，2015 年初“科技金融在线平台”正式上线，按照科技型企业全生命周期融资需求，推出“孵化贷”“成长贷”“研发贷”“知识产权抵押贷”等系统化产品；2015 年 6 月，“南山科技金融在线平台”与深圳证券交易所下属的“中国高新区科技金融信息服务平台”联合成立了“创新企业股权融资服务平台（深圳·南山）”，无缝对接深交所的 3200 家会员企业，为创业企业提供融资路演活动，拓展中小科技企业融资渠道。

9.2.5　供应链金融：形成六大典型发展模式

深圳发展银行（现平安银行）于 2003 年在我国最早推出供应链金融业务。供应链金融是指将供应链上的核心企业以及与其相关的上下游企业看作一个整体，以核心企业为依托，以真实贸易为前提，运用自偿性贸易融资的方式，通过应收账款质押、货权质押等手段封闭资金流或者控制物权，对供应链上下游企业提供的综合性金融产品和服务。2017 年，供应链金融在金融科技的发展繁荣，备受瞩目。供应链金融的早期受益者主要为商业银行和龙头企业，随着供应链金融产业健康迭代、宏观环境利好的背景下，供应链管理公司、B2B 平台、外贸综合服务平台、物流公司、金融科技公司、金融信息服务平台、信息化服务商等都纷纷向供应链金融领域渗透，为现代农业、制造业、餐饮业等产业链提供包括金融、信用担保、仓储物流在内的多层次、多方向的整套综合性服务方案。目前，供应链金融在不同的运营主体经营下，逐渐衍化出了各具特色的运营模式。

1. 商业银行发展模式

在利率市场化加快推进、银行存贷利差逐年缩小的背景下，以商业银行为代表的金融机构纷纷谋求经营转型。针对中小企业融资意愿强烈、利率敏感度低、缺乏足值抵押物等实际情况，平安银行、招商银行、工商银行、建设银行等商业银行在充分借鉴国外供应链金融发展模式的基础上，探索开展了供应链金融服务，成为供应链金融的主要力量。商业银行站在整条供应链的角度上，以核心企业为中心点，向核心企业发放信用贷款，并通过企业上下游的动产情况，为企业在原材料的采购、生产制造和商品销售环节提供有针对性的信用增级、融资、担保、结算、风险规避等各金融产品组合和解决方案。

2. 供应链服务商发展模式

深圳市怡亚通供应链股份有限公司是我国供应链服务商发展模式的典型，作为正在推动中国流通商业变革的O2O供应链生态公司，怡亚通专注于为各类企业、客户、增值服务商、商店以及它们的消费者提供有竞争力的供应链解决方案。怡亚通以消费者为核心，以物流为基础，以完善的供应链服务平台为载体，以互联网新技术为共享手段，构建了五大服务平台。在供应链金融服平台方面，一是通过互联网化、大数据化运营模式，与各大商业银行合作，打造一站式供应链金融整合服务平台，全力满足客户多元化的金融服务需求，尤其是为百万小微中端零售客户提供可持续化、批量化的O2O金融服务；二是致力于通过线上线下1+N的“链式金融”（O2O）服务模式来解决中小企业融资难的问题，形成以供应链金融为基础，通过综合运用贷款、融资租赁、商业保理、P2P、理财、资产证券化等多种投融资手段，为中小企业和高端个人消费提供一站式的“链式金融”服务。

3. 电商平台发展模式

在 O2O 交易模式中阿里、京东、苏宁等 B2C 电商平台，掌握了较多客户的基本信息和交易数据等，通过利对这些数据的处理，可以甄别风险、评测信用额度，向信用良好的商家提供供应链金融服务。在整个模式中，平台公司是整个交易的核心，其不仅赚取产业链生态圈上下游供应商的金融利润，也促进了自身生态圈的健康发展。在 A 股上市公司中，苏宁云商发展较为突出，通过苏宁小贷来实现为供应链上下游端客户服务，形成了苏宁生态链。为了更好的发展线上客户，苏宁还与阿里联手，成功将线上线下业务打通，实现了强强联合，苏宁云商向供应商客户以及个人消费者发放的贷款逐年增加，发放贷款及垫款主要来源于子公司重庆苏宁小额贷款有限公司和苏宁商业保理有限公司对外发放的公司类贷款及垫款、个人消费贷款等。

4. 行业资讯门户发展模式

行业资讯门户网站通过提供特定行业信息或者供货商、交易商信息的模式，吸引了大批同产业链内的公司进场。如生意宝是专业从事互联网信息服务、电子商务、专业搜索引擎和企业应用软件开发的高新企业，公司拥有并经营中国化工网、全球化工网、中国纺织网、医药网等行业类专业网站，2015 年，生意宝公司正式启动“在线供应链金融”业务，携手交通银行等一批国有股份制银行，打造致力于基于供应链的虚拟“产业链专业银行”，在网盛大宗交易、融资担保、交易征信、风控、大数据等平台基础上实现闭环，构建出一个专注于服务大宗商品、基础原材料的在线产业链“生态圈”，全面实现企业贸易流、资金流、物流的“三流合一”。

5. 物流公司发展模式

随着物流业的发展，物流服务价值链逐渐延伸，如提供采购、电子商务、金融等衍生服务，物流业供应链金融服务就是物流衍生服务的重要组成部分。物流企业通过整合供应链中的物流网络、链接资金提供方、参与供应链运作，来为服务对象提供物流供应链服务和融资解决方案。参与供应链金融的物流企业一般具备足够的资金和实力，比如顺丰，德邦、日日顺这样的网络型物流公司，在产业链物流配送的上下游方面具备得天独厚的资源，既拥有客户优势又拥有较强的经济实力。

6. 信息管理服务商发展模式

企业运行管理需要的 ERP 等各类数据软件公司，也开始参与到供应链金融领域中。如汉得信息公司是国内成立最早、规模最大、经验最丰富的 IT 咨询服务公司，其供应链金融业务主要是依托原有核心客户，为这些客户的产业链上游中小供应商提供免费的 ERP 云平台，在中小企业贷款的时候为银行提供数据验证等服务从银行贷款利息分成实现盈利。2015 年，汉得信息与平安银行签署了供应链金融合作协议，汉得信息的供应链金融平台与平安银行的保理云平台相对接，汉得信息主要提供企业的数据并通过大数据平台来进行风险评估，平安银行主要负责发放资金。

9.2.6 房地产金融：传统与创新共进

自 20 世纪 90 年代我国市场化住房体制改革以来，房地产金融得到了一定的发展，在调节房地产市场运行、维持金融市场稳定、促进宏观经济发展等方面发挥了重要作用。我国金融行业主要采取了房地产贷款、房地产住房公积金、房地产信托、房地产保险、房地产资产证券化等方式对房地产行业的发展进行支持。近年来，在房地产投资规模的需求越来越大的同时，也面临着各大银行日趋保守的信贷政策，许多开发商开始寻求永久债券、信托公司、P2P 借贷、众筹、合作开发等融资渠道。房地产与金融融合发展吸收社会资金，通过创新各种金融产品、金融工具，实现房地产金融转型升级发展是大势所趋。

1. 房地产信贷方式占主导

我国的房地产金融高度依赖银行的信贷供给，证券、基金、信托和企业债券等房地产金融产品发展相对滞后。截至 2016 年底，人民币房地产贷款余额 26.68 万亿元，全年增加 5.67 万亿元，同比增长 27%，相较于 1998 年底的 3106 亿元，增长了近 86 倍；房产开发贷款余额 5.66 万亿元，同比增长 12.2%。作为最重要的房地产信贷资金提供方，商业银行高度承载了房地产金融所包含的市场风险和信用风险。

2. 房地产基金较为活跃

2012 年是“中国房地产基金启动元年”。近几年，房地产市场受调控的影响明显，然而楼市降温并没有使得房地产基金降温，各龙头开发商纷纷成立房地产基金，短短几年时间，国内房地产基金规模已从百亿元上升至数千亿元。2017 年，万科与招商银行共同发起设立两个商业地产投资基金，中国光大集团宣布与信银基金合作启动一个 108.5 亿元的投资项目，万科和恒大两大龙头开发商通过私募股权基金为其融取了逾 230 亿元的资金。目前，房地产基金不仅开展债权投资，更多的是以股权投资形式参与到房地产全产业周期内，从而获取更高投资回报，与此同时，募集的资金也不限于投资自己开发的物业，还参与到并购、资管等诸多领域。

3. 房地产信托投资基金有待深入探索

房地产的投资信托基金（REITS）是一种以发行股权性收益凭证的方式汇集特定多数投资者的资金，由专门的投资机构进行房地产投资经营管理，并将投资综合收益按比例分配给股东的一种信托基金，并可在交易所流通交易。REITS 具有收益状况良好、可进行多样化组合、波动性低、流动性强等优势。目前中国大陆尚未形成严格意义上的 REITS 市场，在整个亚洲，仅有日本、香港和新加坡形成了完整的 REIT 市场。但中国市场上出现了数起具备 REITS 特征的不动产资产证券化的案例，例如苏宁云创、中信启航、北京银泰中心等一系列“类 REITS”

产品。国务院发布的《关于加快培育和发展住房租赁市场的若干意见》中提出，稳步推进房地产投资信托基金（REITS）试点，鼓励和支持REITS的发展，有力地推动了中国开辟真正的REITS市场。随着政府的鼓励以及投资者、开发商和资产持有人的观念转变，从长期来说，REITS将成为房地产主金融发展的未来。

9.2.7 能源金融：有望成为下一个风口

能源金融形成于1886年，是国际能源和金融市场的重要组成部分，目前，石油期货已成为世界上最大的货物期货产品，国际石油市场也成为了全球金融市场的重要组成部分。我国能源金融市场的起步较晚，与国外娴熟地把金融资产及金融衍生工具运用到能源产业中相比，我国能源金融化尚处于初步发展阶段。我国能源金融的实践主要源于两方面的共同推进：一是相关金融机构通过优质能源项目进行资产优化配置、实现资产的保值升值，二是能源企业通过金融资本支持和金融产品、服务创新实现可持续发展。随着能源产业的金融需求、金融产业对能源资源优化配置需求的增长，能源金融将迎来黄金发展期。

1. 能源金融有望呈现爆发式增长

据中央财经大学发布的《中国能源金融发展报告（2017）》显示，“十三五”期间，中国能源行业投资规模预计将达到6万亿元左右，中国清洁能源（含核电，不含新能源汽车产业）总投资需求达到3.1万亿元左右。而据BP（世界领先的石油和天然气企业）统计数据预测，未来20年，中国清洁能源仍将快速发展，特别是核能，以及由太阳能、风能为代表的可再生能源，二者复合年增长率将维持在10%以上。能源产业的投资需求，有望使能源金融总量实现爆发式增长。

2. 能源金融市场体系有待完善

目前，我国仍缺乏一个成熟的能源金融市场体系来迎接能源金融行业的新发展。总体来看，我国能源金融服务产品的创新发展力度不够，融资渠道单一，多依赖银行直接融资，间接融资比例较小；金融中介机构的介入不足，主要是政策性银行和大型商业银行；缺乏对能源项目和企业全方位的金融服务，金融服务单调化，多停留在房贷层面，安全问题也较突出。因此，做好政策上的广泛支持，积极推进石油、电力、煤炭、天然气、新能源等能源金融市场建设，培育金融产品交易主体，加强能源金融产品服务创新，设立地区能源产业发展基金，建立开发性能源金融机构，引入支持能源开发的风险投资机制等是未来能源金融实现大发展的必然趋势。

第10章　中国专业产业金融中心建设

早在2002年，济南就提出了“建设区域性金融中心”的初步构想。2011年，山东省政府出台了《关于加快推进济南区域性金融中心建设的意见》，第一次明确提出要把济南建设成为区域金融中心。2016年，明确提出将济南打造成“具有全国影响力的产业金融中心”，使济南成为国内唯一以“专业产业金融中心”作为功能定位的区域金融中心。近年来，山东省、济南市两级政府高度重视济南产业金融中心的建设，不断加大政策支持力度，取得了显著的发展成效。

10.1　产业金融机构体系羽翼渐丰

10.1.1　产业金融机构种类日渐齐全

济南产业金融中心是大区人民银行、银监局、证监局、保监局的所在地，集中了众多金融机构的全国总部和区域总部，金融机构种类日渐齐全，形成了银行、保险、证券、融资租赁、消费金融等各业并举发展的格局。截至2017年上半年，全市共有各类金融机构520余家，其中，47家银行、9家财务公司、1家信托公司、4家资产管理公司、2家金融租赁公司、1家汽车金融公司、87家保险公司、36家证券公司、3家期货公司、83家证券营业部、36家期货营业部、31家小额贷款公司、32家融资性担保机构、38家典当行、20家民间资本管理机构、5家民间融资登记服务机构、67家融资租赁公司；拥有法人金融机构33家，总资产合计近 5000 亿元，金融从业人员 10 万余人。

10.1.2　金融机构实力日益增强

济南产业金融中心使本地法人机构的实力不断增强。截至 2016 年末，齐鲁银行总资产达到 2058.7 亿元，创近几年来的新高，综合实力在全国城市商业银行中排名第 38 位。2015 年成立的济南农商行资产规模超过千亿，在全国 1055 家农商行中资产排名第 27 位。中泰证券已发展成为拥有全业务牌照的国内一流大型综合类券商，2016 年以总资产 1009.7 亿元，位居全国证券公司第 15 位；以净资产 307.2 亿元，位居全国证券公司第 14 位；以营业收入 83.3 亿元，位居全国证券公司第 11 位；以净利润 25 亿，位居全国证券公司第 13 位。2011 年刚刚成立的泰山财险，2016 年保费收入在全国排名第 33 位，处于保险公司行业的中游水平。不断壮大的本地法人金融机构，对济南产业金融中心建设形成了有力地支撑。

10.2　产业金融发展绩效抢眼

10.2.1　金融产支柱地位巩固

1. 金融规模快速壮大

2011—2016 年，金融中心存款余额由 8364 亿元增至 15537.4 亿元，年均增长 13.2%；贷款余额由 8010 亿元增至 13096.1 亿元，年均增长 10.3%；保费收入从 110.4 亿元增加到 348 亿元，年均增速为 25.8%，如图 10.1-10.3 所示。截止 2016 年末，上市公司达 32 家，“新三板”挂牌企业 132 家。存款余额、贷款余额、保费收入和新三板挂牌企业在 31 个金融中心城市分别排名第 15、第 17、第 15 和第 12。

2011—2016 年，金融业税收由 61.8 亿元增至 140 亿元，年均增长

17.8%；金融业增加值由 330.1 亿元增至 720 亿元，年均增长 16.9%；存款余额由 8364 亿元增至 15537.4 亿元，年均增长 13.2%；贷款余额由 8010 亿元增至 13096.1 亿元，年均增长 10.3%；保费收入由 110 亿元增至 347.5 亿元，年均增长 25.8%。

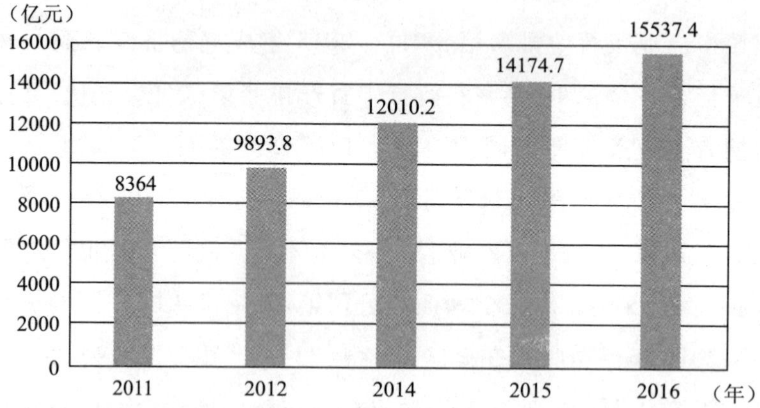

图 10.1　2011—2016 年本外币各项存款余额

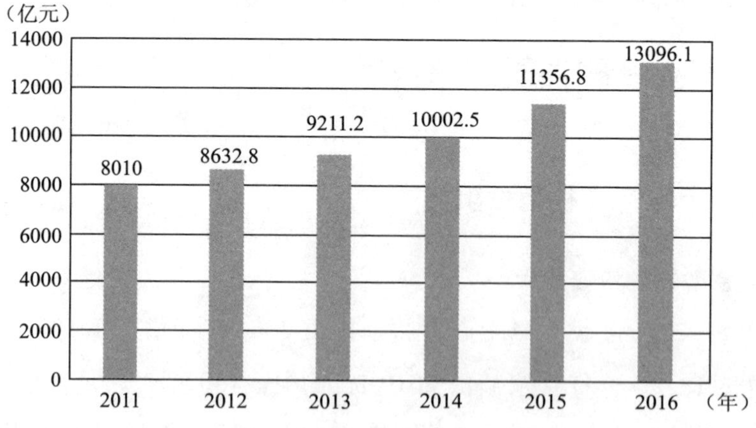

图 10.2　2011—2016 年本外币各项存款余额

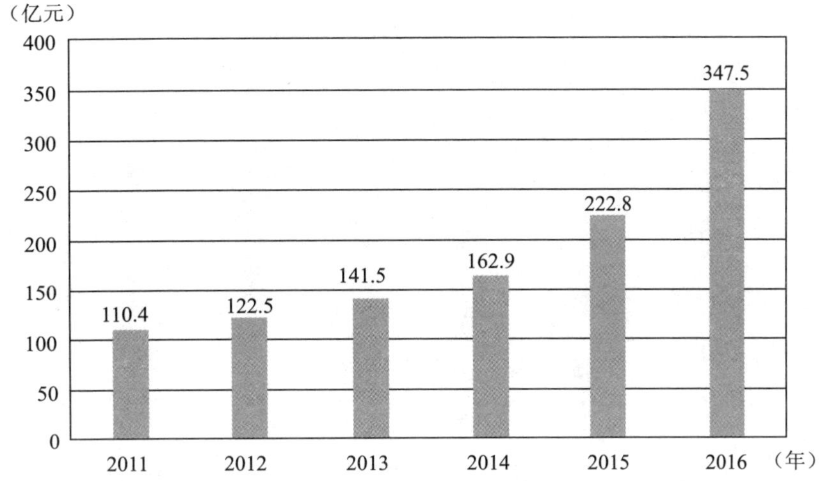

图 10.3 2011—2016 年保费收入

2. 金融产业增加值持续提升

2016 年，济南产业金融中心实现金融业增加值 719.98 亿元，占服务业增加值（3849.91 亿元）的比重为 18.7%，占 GDP（6536.12 亿元）的比重提为 11%，仅次于工业、批发零售业和非营利性服务业，排名第四位。2011—2016 年，金融业增加值由 330.1 亿元增至 720 亿元，年均增长 16.9%，金融业增加值占 GDP 的比重 3.5%（由 7.5 提升至 11%），对经济的贡献度进一步提升，已发展成为重要的支柱性产业，如图 10.4 所示。济南产业金融中心金融业增加值占 GDP 的比重在全国 31 个金融中心城市中排名位列第十，排在广州、重庆、杭州等金融中心之前，如图 10.5 所示。

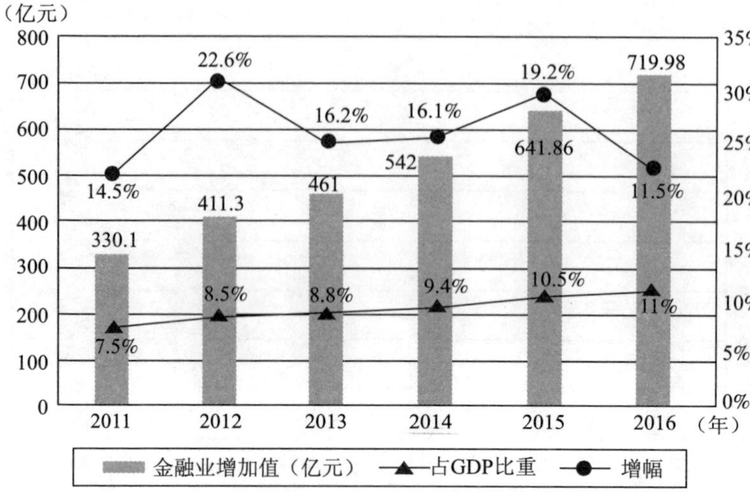

图 10.4　金融业增加值、占 GDP 比重及增幅的变化趋势

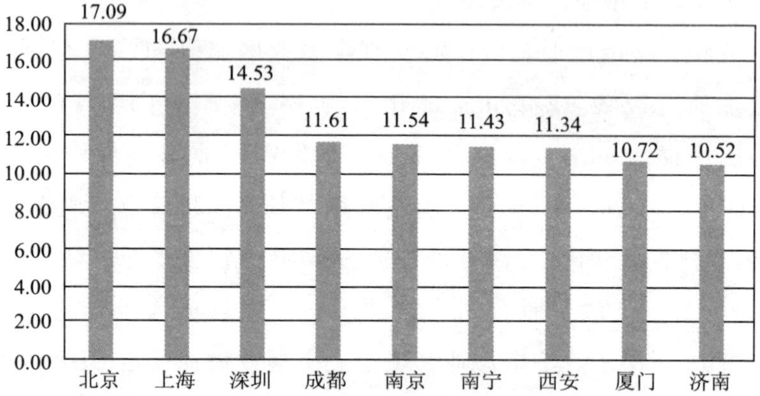

图 10.5　2016 年金融中心金融业增加值占 GDP 的比重排名

3. 金融产业财税贡献持续提升

2016 年，济南产业金融中心实现金融业税收 140 亿元，同比增长 8.3%，占总税收的比重为 13.6%，成为第三大税收贡献行业，排在制造业和房地产业之后。与 2011 年相比，金融业的税收总额增长了 127%，年均增长接近 15%，远高于 GDP 的增长速度；金融业税收占总税收的比重提高了 4.4%，实现了较大幅度的提升，如图 10.6 所示。

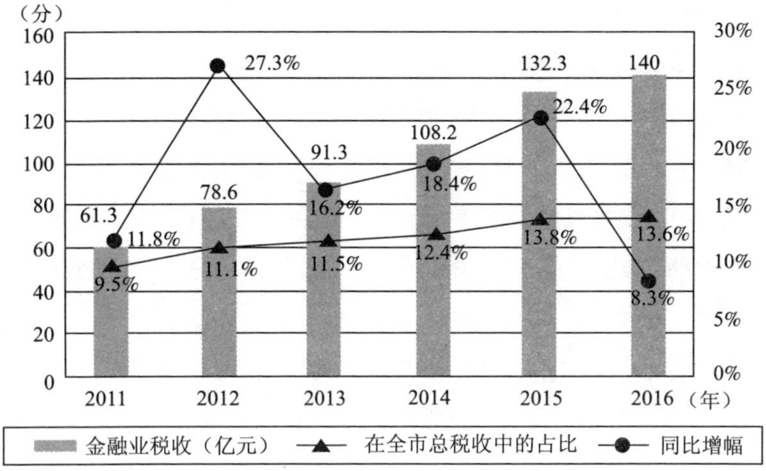

图 10.6　近五年金融业税收、占比及增幅的变化情况

10.2.2　金融市场改革发展活跃

1. 区域股权交易创新引领全国

济南产业金融中心区域股权交易市场——齐鲁股权交易中心，在市场运行规则制度体系建设、风险防控建设、交易功能、服务创新等方面均走在国内同类市场的前列。

（1）直投基金推动多方投贷联动。设立省直投基金，凡获得省直投基金投资的企业，市级政府再配套跟投，银行对直投企业加大授信贷款，通过投贷联动带动各地政府以及社会资本加强对企业的直接和间接融资支持。目前，省直投基金带动各地政府以及社会资本的配套跟投基金已达 7 亿元。待省直投基金全部落地后，将带动各类资本超过 30 亿元。另外，通过省直投基金有效带动了“规改+直投”工作，推动了更多的规模企业规范化改制，提升企业的管理水平，提高企业的核心竞争力，更好地对接资本市场。直投基金推出仅半年时间，新增挂牌企业 1064 家，超过以往所有挂牌企业的总数。

（2）完善市场分层体系提供精准服务。设立成长版、精选板、众创板、科技板、青创办（众创板的子板块），为成长型企业、科技型企业、青年创新创业提供精准服务。

（3）设立国内首个股权质押增信基金。2017年山东省出台了《山东省区域资本市场股权质押融资增信引导基金管理实施细则》，支持设立总规模10亿元的股权质押融资增信基金，在国内尚属首例。基金将以股权质押的方式，为齐鲁股权交易中心挂牌及托管企业申请银行贷款、提供增信服务。

（4）建立多元化投融资服务体系。综合运用私募股权、股权质押、信托产品、集合票据等多种融资手段，不断丰富融资工具，促进各类要素有效集聚，帮助挂牌托管企业实现直接和间接融资累计超过310亿元。发行国内区域性市场首单挂牌企业集合私募债券。与赛伯乐投资集团、省社会保障基金理事会共同发起设立山东多层次资本市场发展基金，基金总规模为50亿元，以帮助更多中小微企业解决融资发展问题。

2. 区域金融资产交易加快发展

济南产业金融中心的金融要素平台不断发展壮大。山东金融资产交易中心成立3年以来，积极探索业务模式创新，推出鲁金·商票通、小额贷款资产收益权、融资租赁资产收益权、票据资产收益权、直接融资工具、鲁金宝理财产品等十余类不良金融资产、资产收益权和直接融资工具等产品与服务，部分产品填补了省内乃至全国行业的空白；形成了规范的交易规则体系，开发上线了具有自主知识产权的新一代综合交易系统，建立了比较完善的风险控制体系，走出了一条具有自身特色的发展之路。到2016年底，交易额累计达321亿元，其中2016年实现交易额209.2亿元，经营收入3600余万元，均比2015年实现翻番，且未发生业务风险，呈现出规范发展的良好态势。未来，将进一步研究探索建立全省金融资产统一流转市场，开发非标私募产品、信贷资产和理财产品的交易和流通，活跃区域金融市场，加快金融资产流转。

3. 积极搭建区域清算市场

2016年10月，与芝加哥商品交易所合作成立了全省统一的交易市场登记结算平台——山东交易市场清算所（以下简称“鲁清所”），借鉴芝加哥商业交易所的先进技术和经验，专门服务区域要素交易市场，承担统一开户、全面登记、集中结算、资金监管、统计监测等五大基础功能以及部分监管职责。山东省共有权益类交易市场有 27 家，介于期货和现货的大宗商品交易市场有 7 家，鲁清所的建立有利于推动区域交易市场监管长效机制的建立和区域交易市场的规范健康发展，提升交易市场服务实体经济的能力。

10.2.3 金融开放迈出新步伐

1. 积极引进外资金融机构

以“一带一路”建设、金融对外开放以及人民币国际化为契机，加强海外推广，积极引进海外金融机构，不断提升济南产业金融中心国际化水平。中德住房储蓄银行、工银安盛资产管理公司等有望落户济南。依托一年一度的“香港山东周”活动来加大对济南产业金融中心的宣传与推介力度，吸引香港金融机构到济南设立分支机构、加强与济南金融机构的合作。

2. 大力支持境外融资

加强政策引导，支持企业到境外资本市场上市、发债融资，积极利用境外低成本的资金。对在境外证券交易所上市的企业，一次性补助 500 万元。2016 年西城集团成功发行首笔境外债券，开创了济南企业境外发债的先河，其运作模式、操作流程和组织实施为其他企业的走出去提供了很好的借鉴。

3. 加强国际交流与合作

加强与法兰克福、芝加哥等国际产业金融中心在金融机构引进、业务创新、人才培训、举办高端论坛等方面的全面对接与合作。2017 年 6 月 21 日，济南产业金融国际（法兰克福）工作站正式揭牌成立，工作站将成为济南与欧洲产业金融中心招商引资、人才培训、信息交流、投融资路演以及国际论坛交流联络平台。同时，由德国IPC金融咨询公司与济南农村商业银行共同出资筹建的中德（济南）产业金融培训学院正式签约，旨在引进德国金融支持实体经济的课程实例，对山东以及华北地区金融系统进行培训。目前学院已面向济南政府部门及金融机构举办多期以“实体产业与金融服务协调发展”为主题的培训班。

10.3 产融结合开辟新路径

10.3.1 畅通产融结合通道

1. 创新“金政企”合作模式

积极探索更加有效的“金政企”合作模式，发挥财政资金的撬动作用和政府的信用背书作用，通过建立金融机构、政府和企业三方利益共享、风险共担的合作共赢机制，来引导银行、保险等金融机构加大对中小微企业、科技型企业以及“三农”的支持力度。“建立小微企业贷款风险分担和损失补偿机制”和“实施小额贷款保证保险补贴试点”均能鼓励金融机构加大对小微企业的信贷投放力度。大力推广“政银保”合作的“济南”模式，提高贷款保证保险服务小微企业的效果，即借款人向银行申请流动贷款时由保险公司承保，其中财政补贴50%的保费，保险公司发生的赔偿损失超过150%的部分，由财政按照50%的标准给予风险补偿，当贷款发生本金损失时，由财政、银行、保险公司按照3∶2∶5的比例承担。

2. 政府增信体系不断完善

（1）健全政策性担保体系。为解决小企业融资难问题、培育创新型小企业的发展、促进大众创业万众创新，政府加快构建省、市、区三级联动的政策性担保和再担保体系，以市场化运作方式为缺少抵押担保的中小微企业、科技型企业、“三农”提供增信服务，涌现出山东省投资担保公司、山东省科技融资担保公司、山东省农业融资担保公司、济南科信融资担保公司等一批政策性担保龙头企业。发挥山东省再担保集团等龙头企业的再担保功能，为各级政府政策性担保机构以及市场化中小融资担保机构提供增信和分险服务，以促进担保机构扩大业务。改进政策性担保机构的现代企业制度和考核激励机制，适当降低和取消盈利要求，着力降低企业融资担保和再担保的成本。

（2）完善政府增信基金体系。设立小微企业贷款风险补偿金，由中小企业公共服务中心与银行合作按照市场化方式运作，实现了控制银行风险和降低企业融资成本的平衡，提高了银行对中小微企业支持力度。山东省区域资本市场股权质押融资增信引导基金为挂牌企业申请银行贷款提供增信服务。

（3）建立担保股权投资引导基金。设立融资性担保机构股权投资基金，吸引社会资本壮大基金规模，以股权形式出资参股，主要面向小微企业和“三农”提供融资担保的担保机构，对各级政府融资担保机构优先给予支持。

3. 产融对接平台建设加快

（1）融资服务平台。人民银行搭建的“山东省融资服务网络平台”系统，积极为企业提供网络平台的线上融资服务。截至 6 月末，已录入 195 条企业融资需求信息，融资需求金额合计 1089.9 亿元。截至 6 月末，各金融机构在系统中对接企业（项目）91 个，拟授信总额 805.8 亿元。

（2）保险服务平台。山东保监局在全国率先建立保险资金对接信息平台，有效扩大了投资资产池，创新了保险资金支持实体经济的途径。

4. 加强保险资金与产业对接

保险业建立以贷款保证保险为核心的融资增信服务体系，首台（套）保险财政补贴范围进一步扩大，有效缓解了企业“融资难”问题，提升了服务产业发展水平。提高农业保险财政支持力度，实现建档立卡农户农业保险的免费承保，保险机构瞄准农民特色的需要，自觉补位，开发新险种，加大农业保障力度；2016 年农业保险保费收入 1.14 亿元，提供风险保障 31 亿元，覆盖参保农户 85 万人次。持续推动公众责任保险、安全生产责任保险、养老机构责任保险、环境污染、食品安全等业务发展，保障生产安全；2016 年全年责任保险实现保费收入 2.5 亿元，保障金额 3409 亿。

10.3.2 建设民间资本支持“双创”试验区

随着《山东省民间融资机构家督管理办法》（鲁金监字〔2016〕6 号）《山东省民间资本管理公司创新业务试点暂行办法》（鲁金监字〔2016〕26 号）以及《济南市民间资本管理机构定向私募融资业务实施细则》的出台，民间资本管理机构经地方金融监管部门批准可以从事债券投资、受托资产管理、私募基金管理、不良资产收购处置和资产证券化等创新业务，民间资本管理机构实现了快速健康的发展。民间资本管理机构发挥其自身优势，准确定位市场，主要针对“三农”和中小微企业，尤其是银行较少支持的、有发展前景的小微企业和农户，与银行形成互补，错位发展。截止 2016 年底，共有 21 家民间资本管理机构运行，注册资本达到 18 亿元，累计投资金额 27 亿元，投资余额 15.04 亿元，全年实现经营收入 1.19 亿元，上缴税收 724.42 万元。

济南市历城区积极开展“民间资本支持创新创业试验区”建设，重点在培育民营金融组织、发展私募基金、探索股权众筹、规范 P2P 平台等方面进行创新实践，不断优化金融资源配置，提高民间投融资的效率，探索金融支持创新创业的新路径。推动具有条件的小额贷款公司、民间融资机构等开展互联网金融业务。

10.3.3 大力发展地方金融组织提升金融普惠度

大力支持小额贷款公司、融资性担保公司、融资租赁公司、商业保理公司、典当、民间资本管理机构等地方金融机构发展，着力服务中小微企业，畅通资金流向实体经济的“最后一公里”，提高金融服务的可获得性。2016 年，32 家小额贷款公司总注册资本 52.85 亿元，累计放贷 73 亿元；38 家典当机构注册资本 9.34 亿元，累计发放典当金额 15.5 亿元；21 家民间资本管理机构注册资本 18 亿元，累计投资 875 笔，累计投资金额 27 亿元，投资余额 15.04 亿元；5 家民间融资登记服务机构累计成功对接金额 2.72 亿元，对接成功率 48%。截至 2016 年底，38 家融资性担保机构注册资本 52.49 亿元，在保客户 18169 户，在保余额 67.65 亿元。

10.3.4 新型农村合作金融助力“三农”发展

山东省作为国务院批准的全国唯一新型农村合作金融改革试点省份，积极探索开展新型农村合作金融试点项目。济南市积极引导县域开展新型农村合作金融试点，对新增试点合作社的县区进行奖励，每新增一家试点合作社，市县（区）两级财政会给予扶持奖励资金 20 万元。

积极探索由县区政府主导设立风险补偿基金，解决合作社押物不足、信用机制缺失等问题，增强合作社抵御风险的能力。目前济南市历城区先行先试，已经与银行达成合作意向，计划设立融资担保、风险补偿基金 40 万元，对试点合作社进行授信，对试点过程中形成的不良按照一定比例给予补偿。

支持信用合作社开展“信用互助”金融业务，按照社员制、封闭性、不设资金池的原则，由社员自愿缴纳互助金，交银行托管，当社员有借款需求时，由托管银行把自己转到借款社员账户。互助金主要用于支持农民专业合作社生产经营的流动性资金需求，一般不超过一年。

积极推动在合作社内部建立信用互助基金保障制度，根据业务余额的一定比例提取基金，存于专用账户。同时，鼓励和引导商业保险公司参与试点业务，设立专门的保险产品，不断完善保险保障服务体系。

10.4 产业金融创新积极探索

10.4.1 创新特色产业金融发展

1. 科技金融创新发展

（1）完善风险补偿体系。2017年《济南市科技金融评保贷投易联动业务实施办法》出台，打造覆盖全链条金融综合服务的风险补偿体系，加大对国家和山东省科技型中小企业信息库入库企业，以及市“5150”创业企业的支持力度。

（2）加大科技信贷支持。截至2017年6月末，支持科技型企业867户，贷款余额120.1亿元，较年初增加41.29亿元，表外融资余额92.94亿元，较年初增加33.94亿元。成立齐鲁银行科技金融特色支行等科技金融专营机构。科技管理部门牵头开展了与商业银行的竞争性谈判，确立科技金融支撑计划合作银行，由银行为科技型小微企业提供优惠利率贷款，对于可能出现的代偿风险，由风险补偿金和银行按1∶9的比例共同承担代偿本金。

（3）创新发展科技保险。以“科贷保”① 为代表的专利保险加快发展，为知识产权市场化运营提供了保险支持，2016年仅济南市专利保险投保企业达30余家，投保项目150余项。

（4）科技引导基金体系。构建涵盖科技企业全生命周期多层次、立体化的“母基金+增信基金+直投基金”的引导基金体系。财政出资发起设立财金科技投资公司、华科创投、山东科融天使投资基金、济南园梦科技创业投资基金等一批科技产业创投引导基金，引导社会资本设

① 科贷保：由政府牵头，保险公司、担保公司、商业银行参与，通过产权质押、财政补贴、保险担保、银行支持模式，扶持科技型小微企业发展。科技型小微企业可以在知识产权部门申报知识产权质押贷款，购买保证保险，签订担保合同后由银行发放贷款。

立股权投资机构，加大对初创期科技企业的股权投资力度。

（5）积极引进私募基金。大力引进私募基金，鼓励支持天使投资、创业投资、股权投资等加大对不同成长期科技型企业的支持力度。

2. 物流金融创新发展

（1）设立物流金融专营机构。积极建立服务现代物流业的专营机构、特色支行和专业服务团队，结合物流行业特点，大力创新金融产品与服务方式，打造济南市物流金融特色品牌。2015 年 5 月，全国首家物流特色专业银行——齐鲁银行物流特色专业支行成立。物流支行对物流企业实行“人盯人”战术，及时全面掌握企业的家底和行业的动向，为企业提供融资支持，做物流行业“金融管家”。截至 2016 年 9 月末，济南市“物流特色支行”共为 260 余家物流企业提供结算、代发和资产增值等一系列金融服务，为 56 家物流企业提供融资 15.4 亿元，累计发放贷款 10.8 亿元。2016 年 6 月，天津银行济南分行设立系统内首家小微支行——盖世物流小微支行，通过培养物流金融的专业团队，将业务发展的重点方向定位为支持园内物流企业发展。

（2）加强物流金融服务创新。北京银行济南分行搭建集信息、交易、结算于一体的物流全产业链金融综合服务平台，以核心企业供应链上下游中小企业为目标，引入担保公司，通过短贷宝、商票转贴等产品对接，破解中小企业普遍存在的规模小、资信状况无法保证等难题。齐鲁银行创新物流企业短期小额资金周转信贷产品“随心贷”和“物流贷”，增加物流企业应收货款质押、仓单质押等融资手段，推出了丰富物流行业支付手段的“物流卡”“物流 POS 收单”业务。建行山东省分行营业部以银企直联系统为依托，以建设结算资金池为手段，通过电子银行转账、企业网银代发代扣等方式，实现物流货款、运费等各种款项的收付和集中管理，打造物流企业及上下游企业之间的供应链全流程资金管理。

（3）加强物流企业信贷投放。人行济南分行营管部提高货币政策工具使用质效，运用支小再贷款、再贴现等货币政策工具，引导驻济银行业金融机构调整信贷结构、优化信贷投向，提高金融机构服务物流企业的积极性，将更多信贷资金投向物流行业。

3. 文化金融创新发展

《济南市市级文化产业发展专项资金管理暂行办法》，对文化企业和项目通过项目补助、贷款贴息、政府购买服务等方式进行资助，并引导社会资本进入文化产业领域。

北京银行济南分行于2015年创立了“艺术品银行”品牌，2016年1月初，与中华老字号、艺术品行业的知名企业荣宝斋一道打造了“荣宝京行艺术馆”，搭建山东省内首个集艺术品保管、鉴定、估值、展览、鉴赏、拍卖、融资、投资咨询于一体的实体平台，创新推出了艺术品质押融资业务，加大了贷款投放力度。

10.4.2 创新地方金融监管体制

1. 全国首个地方金融监管条例

山东省在全国率先出台了《山东省地方金融条例》（以下简称“条例”），成为我国地方金融监管方面出台的首部省级地方性法规，《条例》对地方金融服务、金融发展、金融监管、法律责任等方面都作了具体规定。《条例》将“一行三局”监管之外的地方金融组织纳入监管范围，填补了相关监管的空白，为地方金融服务、发展和监管提供了法律保障。

2. 明晰地方金融监管职能

各县（市）区、高新区均独立设置了金融工作机构，市县两级加挂了地方金融监管局牌子，明确地方金融监管职能；制定下发了《县（市）区金融工作绩效考核办法》和《县（市）区金融工作绩效考核评分细则》，加强对县（市）区金融工作的绩效考核，充分调动了县（市）区金融办的工作积极性。

3. 加强金融风险防控

（1）加大对非法集资的打击力度。出台《济南市人民政府关于进一步做好防范和处置非法集资工作的实施意见》《济南市金融突发事件应急预案》等系列文件，对非法集资活动开展全天候的监管和打击。加强对公众的宣传教育，在人员密集区域公开张贴发布《关于坚决抵制非法集资理性选择投资渠道的通告》，开展防范非法集资知识竞赛活动，印制带有宣传口号的纸杯、抽纸、扇子、围裙、布袋等宣传品，开展进社区活动。在本地电视台的黄金时段播放金融风险防范宣传片，利用移动电视视频和城市电视视频播放动画宣传片和宣传口号。通过12345 政务平台以手机短信的方式提示防范非法集资，创建“金融小卫士”公众号。

（2）深入推进互联网金融风险专项整治。先后开展了比特币交易平台、“现金贷”平台等排查整治、清理整顿各类交易场所“回头看”以及打击恶意逃废金融债务等行动，协助查处了一批金融违法犯罪案件，较好地净化了金融环境。

10.5　产业金融生态环境一流

10.5.1　建设国际一流信用环境

济南产业金融中心依托深厚的儒家文化底蕴和悠久的诚信历史和丰厚的诚信资源，不断加强社会信用体系建设，编制《济南市社会信用体系建设规划（2016—2020）》，在政务诚信、商务诚信、社会诚信、司法公信等关键领域重点发力，不断巩固诚信文化。政府率先垂范，加强政务诚信体系的建设，积极打造公开透明、依法行政、科学决策的政务环境；开通了“信用济南”网站，建设了企业法人、自然人、非企业法人三个公共信用基础数据库，全力打造“信用泉城”服务品牌；

不断完善守信激励和失信惩戒机制，让失信者在就业、工商登记、贷款、招投标、项目审批、申请政府资金等方面受到应有的限制和惩罚。整个社会诚信意识和信用水平全面提升，2016年末，全市银行不良贷款率仅为0.74%，低于全省平均水平1.4%，低于全国平均水平1.07%，成为名副其实的信用高地。

10.5.2 制定具有区域竞争力的发展政策

1. 金融扶持政策“金九条”赋予强劲发展能量

2016年6月，出台了金融中心扶持政策——“金九条”，其覆盖了金融机构、股权投资（管理）企业、融资租赁企业、地方性金融组织、金融中介机构、企业上市挂牌以及金融创新、金融人才等八大方面，各项补贴力度也非常大。法人金融机构，最高补助可达1亿元。股权投资企业可享受落户、增资和办公用房补助。融资租赁企业注册资本在2亿元以上，便至少可获得500万元补助，同时还可享受增资补助、业务补助、购买设备补助及办公用房补助。小额贷款公司、融资性担保公司等地方性金融组织可享受落户和增资补助。会计师事务所、律师事务所等金融中介服务机构可享受办公用房补助。企业成功上市，最少补助可500万元；成功在新三板挂牌，最少补助150万元；对企业股票和债券融资按融资额给予奖励。对金融创新取得突出成绩的机构和个人予以奖励。另外，对具有重要意义的重大项目，采取“一事一议”的办法给予特别优惠补助。2016年全年，共兑现各项补助资金3.2亿元。

设立伯乐奖，对引荐投资项目到济南市、并实质性促成项目落户的引荐人也进行奖励。引荐战略性新兴产业及世界500强项目，对符合条件的引荐人最高给予200万元的奖励；对引荐世界500强企业外商直接投资项目的引荐人，每个项目落户一次性给予50万元人民币引荐奖励资金。

2. 金融发展政策“34条”明确发展路径

2017年6月出台了《济南市人民政府关于加快济南产业金融中心

建设的实施意见》即产业金融中心发展政策 34 条。明确提出以金融服务实体经济发展为根本出发点，吸引国内外产业金融资本、各类金融机构、金融市场集聚，在服务本地及山东省产业发展的过程中，实现产业金融中心的快速崛起。目前，济南正处在加快建设新旧动能转换先行区，实施十大千亿级产业振兴计划，更是为产业金融中心建设提供了难得的历史机遇。

10.5.3　“聚金才引金智”打造人才高地

2017 年 5 月，出台《关于深化人才发展体制机制改革促进人才创新创业的实施意见》即“济南人才新政 30 条”。对新引进或自主培养的国内外顶尖人才和团队，经评审认定，可通过项目资助、创业扶持、贷款贴息、股权直投等方式，给予最高 1 亿元的综合资助。新当选和全职引进国内外顶尖人才，给予 500 万元生活补贴。打造产业金融人才特区，对金融人才的生活补贴最高达 100 万元。对于重大项目或特别优秀的领军型、紧缺型金融人才，可按照“一事一议”的原则研究办理，享受更高待遇。

2017 年 7 月底，又推出落实与“济南人才新政 30 条”配套的一个办法、三个细则，即《济南市高层次人才分类认定办法（试行）》《济南市引进人才落户实施细则（试行）》《企业新引进研究生租房和生活补贴申请发放实施细则（试行）》和《济南市高层次人才子女入学实施细则（试行）》，以保证各项人才政策得以落实。

10.5.4　地方金融服务有为有效

1. 积极推进银政企对接

定期召开银政企对接会，2017 年专门出台了《济南市银政企合作推进工作总体方案》，由金融办、发改、经信、人行等政府部门积极配合，共同构建银政企对接的长效机制。

2. 定期举办专题培训会

针对企业和政府工作人员，定期举办金融大讲堂、金融行业企业家集训班、资本市场创新发展专题培训会，就产业金融发展、资本市场发展，企业挂牌上市流程以及如何对接多层次资本市场进行系统性的专题培训，为广大干部和企业营造良好的学习条件。

3. 成立挂牌上市辅导平台

成立济南市中小企业公共服务中心挂牌上市专家委员会为企业挂牌上市提供一站式服务。

10.5.5 金融集聚区建设提速

以济南中央商务区建设为依托，着力打造济南产业金融中心核心集聚区，将其建设成为全国一流、具有国际影响力的“产业金融城”，提升金融资源承载力。中央商务区总面积约3.2平方公里，总建筑面积超过140万平方米的中弘广场、中国人寿大厦、奥体金融中心、历下金融商务服务中心等大型高端金融载体正加紧施工。目前中央商务区在建及已建成商务项目12个，总建筑面积超300万平方米，引进重点企业超过450家，其中省级总部近30家，金融服务业机构近70家。

10.6 发展前景展望

10.6.1 把握大势抢抓机遇

1. 抢抓民营金融蓬勃发展大势，大力发展民营金融

根据十八届三中全会全面深化改革的要求，我国将以更好服务实体经济发展为目标，深化金融体制改革，加快推进利率、汇率市场化改革，继续放宽金融机构市场准入政策，推动金融市场的有效有序竞争，发挥市场在金融资源配置中的决定性作用，提高资金的有效供给和配置效率。民营资本将获得更公平的机会参与银行、证券、保险、信托、基金等主要金融行业，深度参与利率市场改革，民营金融将取得全面快速的发展。济南产业金融中心要抢抓发展大势，积极争取人民银行及国家金融监管部门的支持，争取设立民营银行、证券公司、保险公司、基金管理公司、期货公司、信托公司、金融租赁公司等全国性的持牌法人金融机构。顺应当前金融业务专营化的发展趋势，以创造良好经营发展条件来支持全国的银行、证券、保险、基金等金融机构在济南设立银行资金运营子公司、票据子公司、私人银行子公司、保险资产管理公司、券商直投公司、基金子公司等持牌专营机构，不断完善地方法人金融机构体系。

2. 抢抓金融科技崛起的大势，大力发展新兴金融

以大数据、云计算、区块链等代表的金融科技不断取得突破性发展，金融科技与旺盛的金融需求相结合，必将迸发巨大的创新动力，带动金融发展思路、供给模式、业务渠道等领域的深刻变革，推动金融行业代际跃迁，重塑金融行业发展格局。我国中小企业融资难、融资贵等金融结构性供给不足问题，为金融科技创新金融服务提供了机遇，而且金融科技使得初创企业进入金融服务领域的门槛大大降低。济南作为后发的金融中心，传统金融服务相对较弱、沉淀成本相对较小，从而更容易接受金融科技等新兴金融。因此，要抓住金融科技快速崛起的战略机遇，引导金融机构运用金融科技创新金融行业信用和风险经营模式，加快培育金融科技企业，抢占未来金融业发展制高点和主动权，实现“换道超车”。

3. 抢抓资本市场发展大势，加强区域要素市场建设

习近平总书记在 2017 年全国金融工作会议上强调，要把发展直接融资放在重要位置，形成融资功能完备、基础制度扎实、市场监管有效、投资者合法权益得到有效保护的多层次资本市场体系。未来，我国“银行独大”的金融结构将发生根本性变化，股票、债券、信托等多元化直接融资增速将远远高于银行信贷，直接融资比重将快速提升，股票、债券、生产要素等各类金融市场将得到快速发展，资本市场也将实现快速发展。尤其值得关注的是企业 IPO 上市审核和发行速度将进一步加快，作为多层次资本市场组成部分的新三板、区域股权交易市场等将迎来重要的发展机遇。济南产业金融中心要加快区域要素市场建设，进一步拓宽企业的融资渠道，解决中小企业融资难、融资贵的问题，提升金融中心的辐射服务能力。同时，引导企业开展上市、挂牌、发债等直接融资活动，提高经济的证券化水平。

10.6.2 发挥优势补齐短板

1. 依托良好的产业发展基础，大力发展产业链金融

济南产业金融中心具有良好的产业发展基础和广阔的服务腹地。山东省作为全国第三经济大省、制造业大省，其产业发展和基础设施建设的金融需求巨大。2016 年山东省生产总值（GDP）达到 6.7 万亿元，占全国 9.0%；第二产业增加值 3.04 万亿元，占全国 10.3%。2016 年山东省的经济总量可与印度尼西亚比肩而论，而印度尼西亚的经济总量在全球排名前二十位。2020 年山东省的经济总量将达到 9 万亿元，接近 2015 年韩国的水平；拥有规模以上工业企业 1.45 万家，46 家企业入选中国 500 强企业。因此，可以依托良好的产业发展基础，发挥产业集团的引擎作用，支持产业集团设立天使基金、创投基金、并购基金，开展股权投资与并购，设立财务公司、融资租赁公司、小额贷款公司、融资担保公司、商业保理公司等金融、准金融机构，围绕上下游企业开展金融服务，拓展产业链金融业务，以促进产业资本向金融资本的转化。

2. 依托政策叠加优势，支持本地法人金融机构做大做强

济南作为全国小微企业创业创新基地示范城市、科技和金融结合试点城市、新旧动能转换先行区，拥有多重政策叠加的优势。要充分利用这些政策优势，推动齐鲁银行、济南农商银行等本地法人机构通过增资扩股、引进战略投资者、公开发行上市等方式增强资本实力；通过不断完善现代企业制度和市场化经营机制，优化激励约束机制，大力引进优秀人才，加强金融科技运用，加快商业盈利模式创新和金融产品的创新，开展并购重组和跨区域资源整合，提升经营规模、运营能力和品牌影响力；政府要加大支持力度，在政府采购金融服务、财政资金存款等方面，优先考虑政府公共资源配给本地的法人金融机构；健全支持本地机构“走出去”发展的公共服务平台和优惠政策体系，完善本地法人金融机构“走出去”的风险分担和救助机制；加快国内外布局，培养一批在国内乃至国际有影响力的本土金融机构，成为产业金融中心的中坚力量。

3. 依托良好的金融中心发展态势，加强金融资源集聚

近年来，各种金融及准金融机构、金融人才加快在济南集聚，金融体系结构逐步健全，多层次的金融市场日益丰满，金融辐射能力不断提升，产业金融中心呈现出良好发展的态势。济南要进一步创造良好的金融生态环境，促进金融资源和金融人才的进一步集聚。

（1）打造国际一流的金融生态环境。加快社会信用体系建设，营造诚信守法的社会环境，打造全国的信用高地和金融安全运行区，降低金融风险成本。优化金融法治化发展环境，加强金融立法和金融执法，提升金融司法水平。完善金融基础设施建设，加快形成以人民银行金融综合统计数据为核心基础、政府相关部门的产业发展及关联性数据信息相结合的产业金融大数据信息枢纽。

（2）优化金融资源空间布局。推动中央商务区与汉峪金谷、山东新金融产业园与形成功能互补、错位发展的格局。以中央商务区为核心金融集聚区，加强对传统金融机构总部、区域总部、功能总部机构的引进；推动财务公司、消费金融公司、融资租赁公司、各类产业基金、创投基金以及金融中介机构的集聚发展；促进金融与物流、文化创意等高端服务业、高科技产业、创新创业的融合发展，形成资本与实体经济良性互动的“金融+”生态圈。

4. 依托庞大的要素交易需求，加快要素交易市场建设

（1）创新发展区域股权交易市场。提升区域性股权交易市场功能地位，加大政策支持力度，优化交易机制，创新交易产品，扩大市场规模，促进中小微企业股权交易和融资便利。进一步完善政府直投基金、股权质押增信基金、债券投资补偿及风险缓释基金等增信基金体系，扩大中小微企业、科技型企业的融资规模。加强政策激励引导作用，通过挂牌奖励、中介费用补贴等方式降低挂牌成本，引导企业通过挂牌完成规范化改制，不断培育壮大后备上市企业资源。

（2）加快培育金融要素交易市场。支持山东金融资产交易中心大力探索交易产品创新，积极开展金融股权、债权、银行不良资产、信贷资产证券化、私募股权、理财产品等非标准金融资产二级市场的交易，逐步将其建设成为全国重要的非标准金融资产交易中心。强化山东交易市场清算所有限公司要素交易市场的服务功能，推动其逐步建立规范的交易、定价标准以及信用体系标准，打造成为立足山东、面向全国的亚洲重要的清算中心。

（3）积极发展大宗商品交易市场。围绕实体经济发展需求，稳妥发展矿产、农畜产品等介于现货与期货之间的大宗商品交易市场，探索在产品设计、市场运营、风险控制、专业人才等领域加强与国际国内知名期货及衍生品市场交易机构的合作，积极吸引金融机构及机构投资者参与市场交易，形成有较强风险管理能力和区域影响辐射力的大宗商品交易市场。积极设立大宗商品交割库、标准仓库，完善交易生态链，活跃供应链金融、保险等业务，与物流中心建设形成互动。鼓励期货公司参与多层次衍生品市场体系建设，规范发展期货、期权 OTC 市场。

（4）大力发展多元化产权交易市场。积极发展文化产权、知识产权、版权、排放权、农业及林业产权等各类权益类交易场所，加强与全国性市场、重要区域市场的对接和互联互通，不断创新交易品种和交易制度，培育一批具有较强资源配置力的产权交易市场，提升产业金融中心对实体经济服务能力和对区域经济的辐射带动能力。

10.6.3　奔跑在改革创新前列

1. 鼓励金融业务创新，提升服务实体经济发展水平

2017 年金融工作会议强调，金融要回归服务实体经济的本源，要把为实体经济服务作为出发点和落脚点，全面提升服务效率和水平，把更多金融资源配置到经济社会发展的重点领域和薄弱环节中，以更好地满足人民群众和实体经济多样化的金融需求。围绕着重点产业发展、创新创业、消费升级、城市建设等实体经济的多样化金融需求，加强金融业务和产品创新，提升服务实体经济发展水平。

（1）提升银行类机构支持实体经济发展水平。鼓励银行等金融机构拓宽抵质押品的范围，创新开展知识产权质押、股权质押、应收账款质押、仓单质押以及未来收益权质押贷款，完善政府质押风险补偿基金、增信基金的补偿机制。支持有条件的商业银行开展“投贷联动”业务试点，探索股债结合的创新型融资方式。支持银行与股权投资基金合作，探索“以贷带投、以投补贷”的合作机制。加强银行与证券公司合作，提供“债权+股权+上市”综合金融服务，大力发展上市及挂牌企业股权质押融资业务。鼓励银行设立绿色金融、普惠金融、科技金融专营机构、事业部或支行等，提升银行服务绿色经济、科技创新的水平。

（2）提升证券类机构支持实体经济发展水平。支持证券公司设立和并购重组证券经纪、期货经纪、证券投资和公募基金等专业子公司，以及另类投资、直接投资、产业投资基金、资产管理以及其他创新业务子公司，建立以资本市场为核心的全金融业务产业链。支持证券行业跨业务、跨行业、跨市场、跨国界经营，向“大资管”转型，提升其综合服务能力。加大政策的支持力度，促进企业的规范化发展，提升核心

竞争能力，积极利用国内外多层次资本市场挂牌融资、上市融资。鼓励企业发行短期融资券、中期票据、企业债、公司债、双创债、创投债及中小企业私募债和集合债等债券融资，扩大债券融资规模。支持 PPP 项目资产证券化、知识产权证券化、应收账款证券化、房地产资产证券化、保单质押贷款资产证券化、银行不良资产证券化等资产证券化业务，大力提升资产的证券化率。

（3）提升保险类机构支持实体经济发展水平。提升保险业支持产业发展力度，积极探索更高效、更便捷、可持续的保险产品和服务方式。支持保险机构围绕产业发展需求，大力发展科技保险、物流保险、农业保险、信用保证保险、责任保险、消费保险等产业保险业务，重点开发面向中小微企业的信用保险、贷款保证保险、应收账款保险、短期出口信用保险等业务服务，增强企业风险保障和综合融资能力。鼓励开展保险资金运用创新试点，鼓励符合条件的保险机构发起设立各类创业投资和股权投资机构，引导保险资金在基础设施、保障性住房等领域的运用。支持保险资金发起设立债转股实施机构，发起专项债转股基金，开展市场化债转股业务。

2. 支持地方金融创新发展，丰富金融组织体系

私募股权投资基金、小额贷款公司、融资租赁公司、融资担保公司、民间资本管理公司等地方金融机构是解决创新创业、中小微企业融资难等问题的重要力量，是金融体系的毛细血管，是普惠金融的生力军。要积极引导社会力量，汇聚社会资本，壮大发展地方金融机构，支持产业发展。

（1）大力发展私募股权投资基金。发挥政府引导基金、市场化母基金的引导和放大作用，吸引社会资本在济南设立基金管理机构、发行私募基金。引导股权投资基金加强经营模式创新，加大对种子期、初创期企业的投资力度，创新“上市公司+创投基金”“上市公司+并购基金”等运营模式，支持生命周期处在不同阶段、不同产业类型企业的发展。

（2）支持地方金融机构规模化发展。规范准入条件，拓展融资渠道，降低融资成本，大力提升发展水平，探索有条件的地方金融机构规范进入银行间同业拆借市场融资。探索运营规范的地方金融机构在不良资产处置、风险拨备计提等方面享受与金融机构同等的税收政策和相关待遇。支持小额贷款公司拓展融资渠道，降低融资成本，开展资产证券化、同业拆借、定向发债、资产转让等创新试点，探索向科技小贷公司转型，开展面向科技企业的“投贷联动”。完善地方金融机构发展的政府风险分担及补偿机制。支持地方金融机构扩大规模，开展行业并购，实现集团化发展。

（3）大力发展金融控股集团。金融控股集团是金融分业管制下金融创新的产物，也是跨银行、证券、保险等领域创新和跨货币、资本等市场创新的重要载体。大力发展金融控股集团，发挥金融控股集团金融资源统筹、社会资金动员和创新金融发展的综合功能，释放规模经济和范围经济效应，更大力度、更加高效地服务全市实体经济的发展。积极吸引境内外大型金融控股集团来山东设立机构、拓展业务，支持有条件的国有和民营产业集团通过参股、兼并、收购等多种方式来拓展金融业务板块，实现向产业金融控股集团转型，实现产融结合、投融结合。

3. 引导民间金融发展模式创新，丰富金融组织体系

（1）探索民资公司发展模式创新。积极探索发展民间借贷登记服务中心、民间资本管理公司等，有序对接民间的资金供给和需求，推动民间融资阳光化规范化发展。发展民间借贷登记服务中心，引进中介机构提供民间借贷登记、合约公证、资产评估等服务，吸引各类投融资机构入驻，规范开展业务。发展民间资本管理公司，通过扩大注册资本金、提高主发起人的出资比例、私募融资等方式，来增强发展的可持续性和竞争力。

（2）探索开展农村金融创新。积极开展农民专业合作社信用互助业务试点，以农民专业合作社为平台规范开展信用互助业务，破解农民生产经营融资难问题。在规范发展的基础上，进一步探索“库贷挂钩”“仓单质押型”等信用互助新模式。鼓励银行、保险、小额贷款、融资租赁等金融、准金融机构，依托互联网、物联网、大数据等为农民提供新型金融服务。

4. 加强地方金融监管创新，打造金融安全高地

（1）完善地方金融监管局的监管职能。按照“谁审批、谁监管、谁主管、谁监督”的原则，将分散的地方金融业态适度集中进行审批监管，形成统一归口管理的地方金融工作体系，强化风险防范主体责任。加强地方金融监管局与地方金融部门、驻地金融监管机构的协调配合，重点围绕混业、跨区域、线上线下结合以及其他暂时难以划清职责的金融领域进行监管协调，构建条块结合、运转高效、无缝衔接、全面覆盖的地方金融监管体系。

（2）加强监管科技运用提升风险防范水平。建立地方金融的风险监测预警系统，实时收集各业态的基础数据，利用区块链、云计算等技术手段，穿透“业务、资金、人员”主线，动态监测、及时预警。主动适应新兴金融的发展特征，建立健全分类监管机制，探索与传统金融相区别的科学监管模式。

10.6.4 积极开放拥抱国际化

1. 以“一带一路”建设为契机，推动金融机构“引进来”和“走出去”

随着“一带一路”的深入推进，国内企业将深度融入全球产业链、价值链和创新链中，企业跨境投融资需求日益增多，济南产业金融中心要以此为契机，不断提高金融的对外开放水平，提升其国际知名度。

（1）支持金融机构拓展国际业务。支持商业银行加强与境外商业银行账户往来，为企业和个人提供优质、快捷的跨境结算、融资、海外并购等服务。支持金融机构通过自主申设、战略并购、投资入股等方式在"一带一路"沿线国家设立更多的机构网点。

（2）大力引进国际金融机构。鼓励各类外资、合资证券投资基金、股权投资基金、创业投资基金落户济南发展壮大，加大对实体经济的支持力度。以CEPA示范城市建设为契机，吸引香港金融机构在济南设立合资证券公司、合资证券投资咨询公司和基金管理公司。

2. 以资本市场开放和人民币国际化为契机，探索扩大金融对外开放

2016年人民币正式纳入国际货币基金组织（IMF）特别提款权（SDR）货币篮子，标志着人民币国际化迈入了一个新的阶段，这将不断催生我国汇率市场化、人民币可兑换、海内外投资便利化等领域重大变革。沪港通、深港通的相继开通，推动资本市场的双向开放和人民币国际化的速度进一步加快。济南产业金融中心要抓住资本市场开放和人民币国际化的战略机遇，加快探索QFII、QDII、QFLP、QDIE、QDLP等资本项开放试点，构建和扩大金融双向开放通道，开展跨境投融资以及跨境人民币结算、理财、担保等业务；支持有条件的外商投资企业开展本外币资金集中运营，促进资金双向流动，提高资金使用效率和投资便利化水平；引导企业前瞻性布局海外金融资源，在更大范围、更高层次内参与全球金融资源配置，全面提升产业金融中心的发展等级。

3. 以产业金融国际工作站为抓手，扩大国际交流与合作

以济南产业金融国际（法兰克福）工作站建设为抓手，加强有欧洲主要金融中心在机构、业务、市场、产品、服务、人才、培训等方面的对接与合作，建立济南区域金融中心国际推介机制，全面提升济南金融中心的国际化水平。把中国（济南）产业金融国际论坛打造成为全球产业金融品牌展示和金融机构、金融人才交流合作的枢纽和重要平台，成为济南产业金融中心的靓丽名片。

附录1 中国产业金融发展指数指标数据

三级指标	2011年	2012年	2013年	2014年	2015年	2016年
社会融资规模存量与金融机构本外币存款余额之比（%）	92.87	96.99	100.43	104.74	98.93	100.30
社会融资规模存量增速（%）	18.30	19.13	17.55	14.34	12.48	12.81
固定资产投资增速（%）	23.60	20.30	19.30	15.30	9.80	7.90
当年社会信贷类融资增量与GDP之比（%）	22.53	24.53	25.68	21.11	16.99	18.22
非金融企业及机关团体贷款余额与GDP之比（%）	88.86	92.12	92.70	95.97	99.80	100.08
非金融企业及机关团体贷款余额增速（%）	14.30	14.49	10.85	12.00	11.28	8.29
直接融资（增量）与GDP之比（%）	3.69	4.64	3.42	4.37	5.37	5.70
商品期货市场年度成交额与GDP之比（%）	191.60	176.33	212.46	198.72	198.06	238.42
私募股权投资规模与GDP之比（%）	0.52	0.32	0.32	0.68	0.76	1.00
保险深度（%）	2.93	2.87	2.89	3.14	3.52	4.16
保险总资产与GDP之比（%）	12.23	13.61	13.92	15.78	17.94	20.31
新增为全社会提供风险保障额与GDP之比（%）	277.9	281.3	319.2	456.5	876.6	880.2
直接融资占社会融资规模增量比重（%）	14.06	15.90	11.74	17.16	24.00	23.82
私募股权投资规模与社会融资规模增量之比（%）	2.00	1.08	1.09	2.67	3.41	4.18

续表

三级指标	2011 年	2012 年	2013 年	2014 年	2015 年	2016 年
境内股票市场非金融类企业市值占比（%）	65.96	63.52	67.84	67.01	77.17	76.02
非金融企业境内股票融资占比（%）	64.55	42.87	31.35	51.71	36.82	26.85
房地产开发企业国内贷款占行业比重（%）	23.10	23.46	36.43	32.09	29.00	37.74
小微企业贷款余额占比（%）	25.33	28.60	29.40	30.40	31.20	32.10
涉农贷款占金融机构本外币贷款余额比重（%）	20.22	21.70	23.01	24.07	23.76	23.52
西部十二省市社会融资规模增量占全国比重（%）	19.49	19.95	21.89	23.67	21.12	17.39
绿色信贷规模占比（%）	9.02	9.13	8.69	8.75	8.13	7.72
新增绿色信贷规模占比（%）	—	9.78	5.56	9.16	3.90	4.48
绿色债券占企业债券融资额的比重（%）	—	—	—	—	—	6.99
境外贷款占比（%）	1.90	2.03	2.07	2.12	2.70	2.90
当年境内企业境外 IPO 上市家数占比（%）	27.20	31.56	100.00	52.47	39.17	34.20
私募基金国外投资金额占比（%）	N/A	N/A	6.07	24.52	22.72	22.17
境外投资者在股票市场的比重（%）	0.63	1.02	1.27	1.10	0.99	1.19
非金融性企业及其他部门贷款加权平均利率（%）	7.89	7.84	7.19	6.77	5.27	5.27
GDP 与社会融资规模增量之比（%）	23.91	22.32	23.79	28.43	37.32	34.90
银行业集中度（%）	49.32	46.93	45.38	43.43	41.30	39.28
商业银行净利息收益率（%）	2.70	2.75	2.68	2.70	2.54	2.22
境内股票融资额与股票市场交易额之比（%）	1.61	1.86	1.51	1.13	0.81	3.62
证券业集中度（%）	31.89	33.55	39.87	40.68	39.23	47.44
保险资金运用率（%）	67.94	65.79	70.55	72.88	78.22	81.45

续表

三级指标	2011年	2012年	2013年	2014年	2015年	2016年
保险业集中度（%）	60.68	59.85	57.10	53.84	48.75	43.87
财务公司占金融总资产比重（%）	1.51	1.46	1.56	1.68	1.85	1.88
金融上市公司中被产业集团控股的市值占比（%）	17.76	18.88	20.32	25.57	27.92	27.05
私募股权投资基金中的企业LP占比（%）	19.5	17.2	16.4	14.9	14.6	14.8
融资担保业在保余额与社会融资规模存量之比（%）	2.49	2.37	2.39	2.23	1.97	1.86
P2P网贷平台贷款余额与社会融资总额存量之比（%）	—	—	—	0.11	0.40	0.77
众筹平台融资金额与社会融资总额增量之比（%）	—	—	—	0.01	0.04	0.12
私募基金管理规模（实缴）与GDP之比（%）	—	—	—	2.32	6.03	10.60
民营银行数量占商业银行总数的比重（%）	—	—	—	0.14	0.42	0.64
融资租赁合同余额与社会融资规模存量之比（%）	1.21	1.69	1.95	2.60	3.21	3.42
小额贷款公司贷款余额与社会融资规模存量之比（%）	0.44	0.65	0.79	0.77	0.68	0.60
每万家企业新三板市场挂牌数（%）	—	—	—	0.86	2.35	3.91
每万家企业区域性股权市场挂牌率（%）	—	—	4.49	13.74	20.53	29.58
创业板年度融资量占股票市场融资量比重（%）	—	6.33	1.11	5.94	7.61	4.85
私募股权投资基金新增募资金额与GDP之比（%）	—	0.40	0.42	0.79	1.14	1.84
天使及创投年度投资规模与GDP之比（%）	—	0.09	0.07	0.17	0.20	0.19

续表

三级指标	2011 年	2012 年	2013 年	2014 年	2015 年	2016 年
并购交易规模与社会融资规模增量之比（%）	—	2.01	3.27	4.42	6.77	10.36
商业银行资本充足率（%）	12.70	13.25	12.19	13.18	13.45	13.28
资本市场年化波动率（%）	39.84	39.64	41.42	40.25	69.97	48.21
保险行业综合偿付能力充足率（%）	—	—	—	230	264	247
非法集资涉案金额与社会融资总额增量之比（%）	—	—	0.54	1.14	1.91	1.41
腐败控制水平	37.91	40.28	44.55	45.67	48.56	49.04
营商便利度	59.45	58.58	61.13	63.14	62.86	64.28
法治水平	39.44	35.68	38.97	38.94	39.9	46.15
政府引导基金与私募基金管理规模之比（%）	—	—	—	8.65	30.81	30.36
国家财政科技支出占总支出比重（%）	3.50	3.54	3.63	3.50	3.33	3.50
政府效率	58.29	57.82	55.45	64.9	68.27	67.79
每百万人口注册会计师数	69.77	70.53	70.07	70.42	73.75	74.55
每百万人口执业律师数	159.55	171.62	182.71	198.46	216.19	216.97
每百万人口资产评估机构数	2.23	2.26	2.32	2.34	2.37	2.39

后　记

本书的编制得到了业界同人的大力支持，深圳市综研软科学发展基金会对指数编制、出版给予了资助，在此致以衷心的感谢。

本书主体分为三个部分，共十章。参与本书编制工作的研究人员包括：张建森、刘国宏、余凌曲、胡彩梅、张祥、余鹏、张佩、梁姣姣等。此外，江西财经大学博士研究生肖钦、厦门大学硕士研究生彭晓钊同学参与了本书数据收集、资料整理和部分章节的内容创作。

在CIFDI的评价过程中，统计数据的准确获得是编制工作的最大困难，一些行业统计年鉴和行业公开数据时间滞后，直接影响本书发布时间的及时性。未来希望感兴趣的业界同人或行业监管机构能够共同参与指导本书的修订完善。

CIFDI课题组联系方式如下：

网站：http：//www.cfci.org.cn

联系人：张祥

电话：0755-82470464

传真：0755-82470202

Email：zx@cdi.org.cn